"互联网+"时代下高校英语有效教学方法研究

冯 辉 ◎ 著

图书在版编目（CIP）数据

"互联网+"时代下高校英语有效教学方法研究/冯辉著.-- 长春：吉林出版集团股份有限公司,2022.8
ISBN 978-7-5731-2103-5

Ⅰ.①互… Ⅱ.①冯… Ⅲ.①英语—教学研究—高等学校 Ⅳ.① H319.3

中国版本图书馆 CIP 数据核字（2022）第 160596 号

"互联网+"时代下高校英语有效教学方法研究
"HULIANWANG+" SHIDAIXIA GAOXIAO YINGYU YOUXIAO JIAOXUE FANGFA YANJIU

著　　者	冯　辉
责任编辑	黄　群
封面设计	李　伟
开　　本	710mm×1000mm　　1/16
字　　数	200 千
印　　张	10.5
版　　次	2023 年 9 月第 1 版
印　　次	2023 年 9 月第 1 次印刷
印　　刷	天津和萱印刷有限公司
出　　版	吉林出版集团股份有限公司
发　　行	吉林出版集团股份有限公司
地　　址	吉林省长春市福祉大路 5788 号
邮　　编	130000
电　　话	0431-81629968
邮　　箱	11915286@qq.com
书　　号	ISBN 978-7-5731-2103-5
定　　价	63.00 元

版权所有　翻印必究

作者简介

冯辉,女,汉族,1981年10月生,吉林省长春市人,毕业于东北师范大学,硕士研究生,现任职于辽宁大学,讲师。研究方向:英语课程与教学论。曾被授予"沈阳市教学标兵"荣誉称号,主持并完成了辽宁省教育科学规划和辽宁省教育协会外语专项两项省级科研项目。

前　言

如今，我们所处的环境正在向经济全球化的方向推进，国家间互相合作和接触的机会相应增加，同时也使得我国的国际地位在世界范围内得到进一步提升。英语已经成为国际沟通的一种符号，渗透到生活中的方方面面。

在近几年，科技技术迅速发展，各种各样的电子产品占据了我们的生活，这对高等教育产生了巨大的冲击和影响。随着慕课、翻转课堂、混合式教学模式等概念的出现，大学英语教学在不断地改变其方式，教学内容也在不断深化。信息化时代为大学英语教学提供了完全不一样的教学体验、全新的学习方式和前所未有的丰富资源。在信息时代之下，大学英语教学有了全新的认知空间。基于此，本人特策划并撰写《"互联网+"时代下高校英语有效教学方法研究》一书，以期推动大学英语教学改革，培养出多层次、多视角思维方式的合格英语人才。

本书分为五章，第一章为高校英语教学概述，内容分为三个部分，第一部分为高校英语教学的现状，第二部分为高校英语教学的原则及方法，第三部分是高校英语教学的改革；第二章为"互联网+"时代英语教育的变革，本章内容分为三个部分，首先是"互联网+教育"综述，其次陈述了"互联网+"时代对高校英语教学的影响，最后说明了"互联网+"时代高校英语教学的原则；第三章为"慕课"在高校英语教学中的应用，主要内容分为三个部分，第一部分是慕课的兴起、发展及特征，第二部分是高校英语教学应用慕课的可行性分析，第三部分是基于慕课的高校英语教学实施；第四章为"翻转课堂"在高校英语教学中的构建，内容分为三部分，分别是翻转课堂的理论研究、高校英语构建翻转课堂的可行性分析、基于翻转课堂的高校英语教学实施；第五章为"互联网+"时代高校英语教学的总结与提升，内容分为两个部分，分别是"互联网+高校英语教学"实践中的问题总结和"互联网+"时代高校英语教育有效性的提升。

在撰写本书的过程中，本人得到了许多专家学者的帮助和指导，并参考了大量的学术文献，在此表示真诚的感谢。本书内容翔实，论述条理清晰，深入浅出，但由于作者水平有限，书中难免会有疏漏之处，希望广大同行给予指正。

冯辉

2022 年 1 月

目 录

第一章 高校英语教学概述 ··· 1
    第一节 高校英语教学的现状 ·· 1
    第二节 高校英语教学的原则及方法 ··· 12
    第三节 高校英语教学的改革 ·· 31

第二章 "互联网+"时代英语教育的变革 ·· 38
    第一节 "互联网+教育"综述 ··· 38
    第二节 "互联网+"时代对高校英语教学的影响 ······················ 41
    第三节 "互联网+"时代高校英语教学的原则 ·························· 61

第三章 "慕课"在高校英语教学中的应用 ······································ 67
    第一节 慕课的兴起、发展及特征 ··· 67
    第二节 高校英语教学应用慕课的可行性分析 ·························· 82
    第三节 基于慕课的高校英语教学实施 ···································· 92

第四章 "翻转课堂"在高校英语教学中的构建 ······························ 98
    第一节 翻转课堂的理论研究 ·· 98
    第二节 高校英语构建翻转课堂的可行性分析 ························ 110
    第三节 基于翻转课堂的高校英语教学实施 ··························· 124

第五章 "互联网+"时代高校英语教学的总结与提升 ················ 128
　第一节 "互联网+高校英语教学"实践中的问题总结 ············ 128
　第二节 "互联网+"时代高校英语教育有效性的提升 ············ 137

参考文献 ··· 156

第一章 高校英语教学概述

本章内容为高校英语教学概述，内容分为三个部分，第一部分为高校英语教学的现状，第二部分为高校英语教学的原则及方法，第三部分是高校英语教学的改革。

第一节 高校英语教学的现状

大学英语是中国高等教育的重要组成部分。随着时代的发展，各个国家、各个文化之间的交流也越来越密切，现在国际上的通用语言是英语，只有掌握了英语，才能够在与外国人的交流中减少障碍。作为接受高等教育的大学生，应该具备与国际接轨的意识，运用自身的自主学习能力学好英语，在跨文化交流当中做出属于自己的一份贡献，以满足迫切的发展需求。

大学英语是大学生的必修课，已经成为大学生必须掌握的基本技能之一，是高等教育的重要组成部分，其内容与国家、社会和学生的需求密切相关。语言教学是一项综合性的活动，并不是为了学生认识文字或者能够开口说出语言，它包含的内容十分广阔，教师要树立远大的教学目标，为了全面了解大学英语的基础教学，我们必须首先了解大学英语的内涵和现状。

一、高校英语教学的内涵及理论依据

（一）大学英语教学的内涵

教学包括两个部分：教师的"教"与学生的"学"，其中学生作为学习的主体是十分重要的，但是从另一方面来说，教师的教授在教学过程当中，起的是引导作用，更加关键。在了解了教学的定义之后，相信就可以融会贯通，真正了解到英语教学的内涵。

教学中教与学有着密切的互动关系，在这个过程当中，教师与学生之间应该

相互配合，双方都发挥自己的主观能动性，完美完成教学任务。在之前对于教学的定义当中，教学就是教师将知识、技能传授给学生的过程。这个说法在多年前可能是金科玉律，但是在如今的社会当中，这个定义已经过于狭隘了。

高校教学不同于我们的中学教学，它分为教授、学习、教学过程三个方面。

在高校教学的过程中，大学英语是重要组成部分，英语对于大学生来说是必不可少的。大学英语和技能类教学有一定的区分，大学英语教学不仅仅是让学生学会认和说，更重要的是能够与英语使用者交流。正因为有这样的区分，大学英语在教学上，不仅要教授学生语言的技能，还要教授语言背后的文化。

为什么在教授语言的同时还需要教授相应的文化呢？这是因为语言的教学带有很强的文化属性，语言表达具有深厚的文化内涵。在语言交流当中，我们有时需要结合交流者的文化背景，才能够顺畅交流。所以说，英语教学也是文化教学，在教学过程中加入对文化的了解，也是为了英语教学的最终目标服务的，因为说到最终目的，任何一门语言的学习目的都是为了交流。

1. 大学英语教学的属性

（1）有目的、有计划和有系统

教师在教学的过程当中，应该是有目的、有计划和有系统的，只有这样，才能够让学生在学习的过程当中学得完整、学得明白。在教学活动中，教师应该将课程内容作为媒介，从教学任务与教学目的出发，使用各种方法、手段等，让学生有更多的兴趣去学习英语、使用英语。大学英语教学系统性主要体现在教师体系方面，如教育行政机关教研部门和学校的教学管理者等的工作。

（2）教师的"教"与学生的"学"相统一

教学的定义大家都能够了解，我们老话常说教学互长，"教"和"学"二者是相互制约、相互依赖的关系。我们仔细想想就能够明白，"教"和"学"其实就是同一个过程，在这个过程当中，学生扮演接受者，老师扮演传授者。正如王策三在《教学论稿》中所说："所谓教学，乃是教师教、学生学的统一活动；在这个活动中，学生掌握自身需要的知识与技能，同时促进自己身心健康。"[①]

但是值得注意的是，这个教学的过程并不是学生和教师单方面的行动，而是一个相互配合的过程。双方都统一步调之后，这个过程才能够渐入佳境，所以在教学过程当中，教师可以多分出一些精力来引导学生，这样一来，教的时候也能事半功倍。

---

① 王策三，教学论稿 [M]. 北京：人民教育出版社，2005.

2. 大学英语教学的内容

在大学英语教学中，教师要把握好具体流程，把控教学流程，保证课堂质量，让学生高效学习、主动学习。教师对于教学内容的把控也是十分必要的，因为教学内容是教学活动的标准，也是评价教学结果的重要参考。但是，在如今的大学英语教学当中，还存在着很多问题，这些问题如果不解决，对于教学会产生很大影响，而只有厘清这些教学当中的问题，才能找到解决问题的方法，从而使大学英语教学的质量和水平上一个台阶。接下来就从教授语言知识、教授语言技能、教授文化知识这三个方面具体分析大学英语教学的内容。

（1）教授语言知识

语言的语音、语法、词汇、语篇、句法、功能等是掌握一门语言的必经之路，只有将语言的各方面知识全部掌握，熟悉这门知识，才能真正掌握这门语言，这对于英语学习而言同样也不例外。大学生在学习英语的时候，最开始应该是学习语言的基础知识，在掌握基础知识之后，再提升自己的语言运用能力，而由于英语与汉语的逻辑思维不一样，因此大学生在学习英语的时候，还应该学习英语的用语思维，这样才能够真正学好英语。

（2）教授语言技能

在大学英语的学习当中，"听、说、读、写、译"这五项基本技能都需要掌握，但是在掌握英语基本技能之前，还需要掌握一定的基础知识。在这五项基本技能当中，能够听懂英语是学习英语的前提，而学会一门语言的门槛就是在口语技能方面，口语的学习能更加快速地提升外语能力。英语阅读可以帮助学生拓宽知识面，阅读英语原文可以让学生更有语感，能够培养自身辨认、理解语言知识内容的能力。学生掌握写作的技能，目的是可以运用英语进行自己思想的表达。翻译技能则有更加专业的综合要求，除了要考验对专业字词的理解，还要考验对于不同文化背景的转换和思维逻辑的转换。

高校英语教学的目标从基础来说，就包含"听、说、读、写、译"这五个方面的技能。高校学生学习英语的基本目标就是通过这些技能的训练，在英语学习当中找到窍门，掌控自己的学习。

（3）教授文化知识

学习语言并不单单是对语言技能的学习，每一种语言都对应着这类语言本土的文化，这些本土文化包含了地理、人文、风俗、生活、社会、人类情感等因素，教师在教学的过程当中，多多少少都会涉及这些内容，如果在教学中把这些因素剥离出来，那么语言的教学就变得毫无意义，学生在日后使用这类语言的时候也会不明所以，这种语言教学将不再具有意识形态和人文特征。如果希望学生能够更好地学习英语，教师应该引导学生理解语言背后的文化知识。

在具体教学过程当中，教师需要注意以下事项：首先，教师要因材施教，通俗来说，就是根据每一个学生的学习基础以及接受能力来教授文化知识，然后在确定他们把基础知识都掌握牢固的前提之下，再将文化技能的培养渗入日常教学之中，拓宽他们的视野；其次，教师在引进西方文化知识时不仅要有选择性，不能盲目，而且在教授文化的时候摆正态度，不可有崇洋媚外的心理，以免学生效仿，带坏风气。

（二）大学英语教学的理论依据

毫无疑问，英语教育的发展并不是由逻辑学和科学的指导方针来定义的，而是在逻辑上由许多其他的理论支持，比如语言的基本概念、语言学习理论和语言学习的概念。因此，本节从根本上分析了英语教育的理论。

1. 语言本质理论

在19世纪末期，结构主义语言学的理论在西方国家兴起，它盛行于19世纪末到20世纪中期。在这段时间内，有许多理论如雨后春笋般被研究者提出。在这些理论当中，最受到推崇的还是美国的结构主义语言学。

美国结构主义语言学的研究历史悠长，最早始于对印度口语的分析。很久以前，印度语言还没有形成正式的书面形式，只能用语言符号来做标注。研究人员整合并分析了收集的样本，以检查这些样本的特征和结构。后来，这些研究人员利用这些样本，测试建立了一些描述技巧，用这样的技巧，开始学习英语和其他印欧语言。美国结构主义者认为语言是一个系统，它将意义编码在习语中。语言系统由音位系统、词素系统和句法系统组成。

口语在美国结构主义语言学里面也是基础和根本，被称为一种活的语言，并不死板地遵守上述三个系统。能够学好口语的人，一定不是遵从系统的条条框框，而是从理解那种语言的母语系统开始的，只有理解了语言当中的逻辑，才能和母语使用者交流沟通，这也是口语的内核。同时，美国结构主义者也发现每种语言都有自己的结构，不同的语言有不同的系统，因此，在语言学习中观察语言差异是非常必要的。

因为每种语言的结构都是不相同的，所以当人们去学习另一种语言的时候，也会受到自己母语的干扰。也就是说，一个人如果学习外语的话，首先要明白的就是这门外语和自己母语结构上有什么差异，如果二者结构相似，那么在学习的过程中出现的错误和困难就会大大减少。如果二者的结构天差地别，那么在学习的过程中，就会不可避免地出现错误和困难。

2.语言学习理论

（1）认知主义学习理论

认知主义学习理论主张的是学习体会与学习环境相互影响，大脑活动过程可以转化为特定的信息处理过程。

人们在社会中生存的时候需要与周围环境进行信息交换，人是信息的寻求者、中介者和传递者，人在环境中获取信息，从某种意义上说，人类的认知过程也是信息加工的过程。

认知主义学习理论针对人类所获取的信息讨论，它的基本观点是，人类对于信息的认知是十分复杂的，这其中有环境的因素，也有个人心理的因素，个体本身也发挥着作用，人类的认知不是只能通过外部刺激形成。有了这样的理论基础，我们就可以推出，学生在接触到新的认知信息的时候，并不单纯是依靠外部刺激来接收，而是有自己的判断，利用自己的知识和现有经验，积极处理外部刺激提供的信息。

了解了认知主义学习理论，我们就可以得出结果，那就是，教师在教授新课的时候，应该明白学生的兴趣爱好有时候比强烈的外部刺激更有用，也就是我们老话常说的——兴趣是最好的老师。教师只有抓住这个理论精髓，才能为学生提供源源不断的养分供给。但是值得注意的是，要积极地选择和处理来自外部刺激的信息。

关于认知学习当中，还有一个更重要的板块，那就是关于学生的结构认知能力。在教学的过程当中，学生对于知识结构的依赖性是很强的，会下意识地根据结构来梳理知识。所以，教师在教学过程当中，能够结构清晰地讲授，也是十分关键的。

（2）建构主义学习理论

建构主义学习理论认为，知识的产生是人和外部环境共同创造的结果，在人与环境交互的时候，产生的经验就是知识。就是说每个人都会以自己的生活经验作为基础去判断事物，这种判断的依据就是知识，而每个人对知识都有自己的理解和判断。

建构主义学习理论认为，学生在特定情境下通过自身的主观参与和他人的帮助获得属于自己的知识，而不是通过教师和意义建构这类抽象的方式获得知识。

在这个学习理论当中，主要强调的是学生自主学习的能力，教师在教学的过程当中，不单纯是一个灌输知识的单向输出的角色，而是作为一个引导者，引导学生自己找到学习的办法，从而实现自主学习。教学中的教学方法也要与时俱进，教师要把自己的定位放到引导者上面。学生需要在主观努力、他人帮助和协作活动中获得启发，然后在特定的学习环境中获取知识，在获取知识的过程中，学生是主体，他们通过自主的发现和学习，将知识理解消化。建构主义学习理论要求促进学生获得知识的学习环境应具备四个基本特征或要素：情境创造、协作、对话和观点构建。对这四个基本要素的详细分析如下：

在学习的构建理论当中，教师的观念十分重要，学习环境首先要创设目标，考虑情境创设对学生建构的重要性，设计教学过程，理解学习环境中情境创设的核心要素，在理解核心要素的基础上进行教学设计。

学生在学习的时候离不开和其他同学的协作，从一开始的讨论到后面的各自解答，最后再到大家一起讨论结果，这种合作的过程在构建主义学习理论当中，就是核心所在。在合作过程中，对话是必不可少的。为了完成学习任务，学习小组必须首先通过对话讨论学习策略。学习小组成员之间的协作学习过程也是一个相互对话的过程，在这个过程中，学生的学习资源，包括智力资源都是被共享的。在这样的对话当中，教育资源最大限度地变得公平起来，学习能力较差的学生也能从对同龄人的模仿当中找到学习的技巧。

构建的主要内容核心是学生学习逻辑的形成，即理解知识的内核，理解事物之间的联系，这也是学习构建的目标。学习了知识的构建，就能够让学生在学习的时候理解事物之间的本质，理解其中的原理，如果了解了本质和原理，那么就可以举一反三，并不局限于某一个单一的例子，明白它们与其他事物之间的内在关系。

二、高校英语教学的问题

（一）大学英语现状问题分析

1. 受"应试教育"的制约严重

很多人对于应试教育只有一个大概的概念而没有具体概念，在原来传统的教育当中，应试教育有一个目标，就是学生能够通过考试。例如，在大学阶段的英语学习当中，学生最在意的就是四、六级的考试，因为在学生的观念当中，四、六级考试就是他们需要通过英语学习完成的目标，只有完成了这个目标才能够顺利毕业。但是，这样的考试并没有完全发挥出教育的作用，因为学生可以利用考前的突袭通过考试，而实际的英语交流能力并没有提升。

　　自我国教育活动发展以来，教师一直处于主体地位，从而忽视了学生的主体作用，这样的教育方法虽然能够拿到一张张拥有漂亮分数的试卷，但是也同时限制了学生的发展。目前，许多教学方法仍然使用学生只能"听"的教学方法，在课堂教学当中，学生几乎无法参与到知识的输出过程当中并就所学内容提出问题，并且大部分问题只能通过课堂解决。课堂上的学生扮演着被动观众的角色，只能被动地接受老师传授的知识。但是按照教育理论，学生应该掌握主动学习的能力，只有这样才能获得自主学习的能力。

　　英语课程需要通过实践交流提高相应的英语水平，这是由于它的实用性较强。学生平时学习的效果，最终展现了对教师教学能力的评价。而学生的学习效果，很大一部分既在于学生的自主学习能力，也在于学生学习的主观能动性。

　　之所以会出现这种情况，和我国的文化背景有莫大的关联。由于孔子是中国在教育方面的模范，孔圣人创立的儒家思想一直是千百代中国人的思想核心，因此对于教师这个职业，中国人都怀有崇敬之心，对于教师的话也是抱有"谨遵教诲"的心理，这就导致了学生自主能动性的发挥被限制，教师也在这样的观念之下，对于教学方式抱有守旧的态度，不愿意放手让学生成为课堂的主人。在传统的教育模式之下，学生大多是被动的接受者，他们的主动权在一定程度上被限制了，知识的获取并不是他们最终的目的。这样的现象就会使得教师成为权威的代表，这样的学习对于学生来说是目光短浅的，因为教师的个人能力是有限的，而知识是无限的，若把教师当作绝对权威，那么就无法获取更多真理。并且，这样的学习模式，无形当中在教师与学生中间形成了一个壁垒，教师与学生之间得不到交流，对于学生的学习来说是非常不利的。

　　2.教材内容的编写不满足教学需求

　　大学的英语教材不是随意编排的，而是有一定的大纲，编写的出版社要按照大纲要求，编写大学英语教材，教材当中的内容要尽可能地朝大学英语大纲靠拢。而且大学英语教材的编写是不可以脱离教学大纲而独立存在的，有了大学英语教学大纲，才能有大学英语教材，而大学英语教材就是大学英语教学大纲的具体体现。目前，从整体来看，我国大学阶段的英语教材并不能完全满足学生的学习要求，甚至从某种程度上限制了学生的学习能力和教师的授课效果。

　　英语教材对英语教师来说是进行教学的前提，是不可以缺少的"一只手"；对学生来说，英语教材就像是他们的"秘籍"，里面内容的多少影响着他们的习得程度。

所以说，大学英语教材是教学过程当中很重要的一部分，是决定教师"教什么"的大纲，也是决定学生"学什么"的核心。

3. 师资水平参差不齐

在大学英语教学当中，虽然学生是主体，但是教师的引导功能也是不可忽视的。教师素质对于学生学习的影响，不可谓不大，一个好的教师可以充分调动学生的学习积极性。但是在如今的大学英语教学当中，大学英语师资紧张已然成为一个大问题，并且一些高校的英语师资水平参差不齐，影响学生的学习。

尽管随着社会经济的发展和社会对教育投资的增加，和20年前相比，我国高等教育机构的英语教学质量有了显著提高。但随着学生人数的增加，教学团队和教学资源已经无法满足如此大的需求，所以整体来说，教育资源还是短缺。

4. 信息化教学效率低下

教育信息化与传统教学理念相融合，这是近年来教育行业研究的热点。在现在日新月异的信息技术之下，教育行业也应该结合信息技术，提高教育效率。关于这两者的结合有许多的研究，在研究的过程当中也发现了如下的问题：

（1）学生方面

在如今这个四处充斥着电子媒介的社会，学生作为新生力量，也是这些电子产品的主要使用者。但是并不是每个学生都能很充分地使用这些信息化技术，因为教学是针对整个学生群体而言的，如果学生当中有的来自农村，有的来自城市，那么他们对于信息化走入课堂的接受程度是不一样的，这就导致，不是所有的学生在面对信息化英语教学的时候都能够高效投入。所以，学生应该以一种积极的态度面对现代教学手段使用频率增加的情况，这样才能在教师教学的时候得到更好的教学效果，这也更有利于教师开展信息化教学工作。

（2）学校方面

第一，学校的教育理念落后。现在许多高校的管理人员在教学方面更倾向于使用传统面授的方法，思想没有更新。管理层对于教育理念的不更新，就导致了基层教师将信息化引入课堂带来了困难，也打消了基层教师的积极性。

第二，教师在应用现代教育技术方面能力不足。有的教师在心里面知道现代科学技术对于英语学习的促进作用，但在所有教师当中，采用多媒体教学方法的人只占教学实践的一部分，这是因为一些教师一方面不熟悉现代教育技术使用的工作流程，另一方面也有教学目标的压力，认为使用新型教学模式难以完成目标。如果教师不采用现代的英语教学方法，他们就无法在新的教学模式中获得新的知识和技能，更有甚者，不能在实践中有效地工作。

第三，专业的信息人才在高校处境尴尬。当前，高校在发展英语教学信息化的过程中，不能贪图安逸，必须认真研究现代教学模式，现代教学模式除了信息化教学的内容之外，还包括信息化的指导思想。信息化学科师资队伍的建设也十分关键，要经常开展信息化教学方法等方面的培训，让教师接触到新信息。但由于主客观因素的影响，一些计算机专业人员不愿去学校任职，而高校当中也没有专门针对这些信息化人才设置岗位，没有相应的一些待遇措施，这样双方都处于尴尬的处境，直接制约英语教学信息化的进程。

（二）大学英语教学的影响因素

1. 内在因素

教师在进行英语教学的时候，学生的内在因素占很大的比重，教学效果的好坏，和学生个人的主观能动性也有无法分割的关系。下面作者就从智力水平、学习风格、学生自信心三个方面来说明内在因素对于教学效果的影响。

（1）智力水平

智力潜能和教育潜能一样，也是属于认知水平这个层面的。智力是指高度观察、想象、记忆和逻辑思维的结合，对抽象思维的学习具有重要意义，而在学习语言的过程当中，抽象思维和逻辑思维是不可或缺的。虽然一个学生的智力水平是属于他的个人因素，但是教学过程中非常重要的一个部分。

并不是每个学生的智力水平都是相同的，有的学生可能智力超群，还有的学生智力水平就要稍差一些。这个时候就需要教师对后者进行耐心地指导，再加上日复一日的训练，让其在脑海里形成思维惯性，找到适合自己的学习技巧。尽管这样能够让大部分的学生暂时掌握技巧，但是这只局限于对书面知识的学习，当书本上的知识结合实际的时候，就有许多人显得无所适从，没有办法找到合适的方法应用。

简而言之，在英语教育中，教师应了解学生的智力水平，使用正确的方法教授英语策略和技能，这对于每个层次的学生都是适用的。此外，对于处于某一特定水平的聪明学生的教学方式，也取决于他们学习英语的习惯，只有他们觉得正确的，教师才更加容易与他们沟通，也能挖掘出他们的潜力。

（2）学习风格

不同的学生在知识和观念上总是有所不同的。有一部分学生通常容易受到外部意见的干扰、老师或其他学生的帮助总是会让他们过多依赖这些外部意见。还有一部分学生不擅长思考和解决问题。而拥有独立性的学生通常不容易受到外界的影响，他们不太需要教师和其他人的帮助。他们习惯于思考细节，并在思考和解决问题时总结经验，得出属于自己的学习方案。实际上，大多数的学习者都不是绝对的这两种风格，而是处在两者之间。学生接受信息会通过两种方式，一种是细节型，一种是整体型。细节型顾名思义，就是从事物的细节出发，能够从不同的细节当中找到逻辑，通过一个个细节串联起整个时间，得出事物的全貌；整体型则恰恰相反，是通过对于一个事物的整体认识和分析得出事物的性质，在了解了整体的性质之后再抽丝剥茧地展开事物的细节，得到自己想要的信息。根据左右脑信息处理的优势，学生可以分为左脑型和右脑型。其中，前者更注重信息的细节，善于逻辑分析，能取得更好的学习效果；后者的学生习惯于理解主要思想，对自己的直觉充满信心，并具有很强的灵活性。

教师必须理解学习型学生的思路，只有这样，他们才能指导学生，特别是帮助这种类型的学生了解自己的优势，建立一种完整、系统的教育方式。对于学生来说，如果他们能通过学习清楚地理解学习的内核，这有助于他们找到自己的英语学习策略，也会在学习的过程中更加关注学习过程，并找出哪种方法是最适合自己的。即使这个过程失败，也可以调整学生的学习策略，扩大学习范围。

（3）自信心

有人说"自信是成功的一半"，还有人说"自信犹如混凝土建筑中的钢筋，是人们自身行事的脊梁"。自信本身就是一种积极的观点，是能力和掌握知识的决定因素。它也是学习外语、影响语言水平的一个重要因素。许多研究表明，在学习外语的过程中，别人的称赞是环境中最好的影响因素之一，因为他人的称赞能够加强自身的信心，受到他人的信任，其实就是就得到了最重要的保护和支持。

研究表明，自信可以刺激学习，减少负面担忧，确保质量和良好的学习。在英语学习过程中，自信心强、自主性强的学生成功率较高。这是因为他们敢于冒险，不怕学习出现错误，即使遇到不理解的地方，也可以通过和教师或者同学的交流得到解决方案。而与之相反的是，如果学生不相信自己能学好外语，他们就不敢去尝试，一旦犯了错误，不是想着去纠正，而是直接退缩，这就导致丧失了许多机会，错过了与人交流的机会，最终影响学习。

在英语教育中，为了提高学生的自信心，许多研究者都在研究如何有效地加强学习合作来提高自信心。具体方法是分小组学习，采用科学的评价标准，根据教师推荐的项目内容对学生进行综合评价。在学习的过程当中，每一个学生都应该意识到自己并不是一个个体，在学习小组当中，小组一起完成任务，一起得到老师的评分。在这个过程中，学生们逐步实现"听、说、读、写"的同步发展，提高大部分学生的整体表现，增加成功的机会，增强自尊和自信。因此，学生为了不拖累团队，也为了在团队中表现自己，就更愿意付出更大的努力去学习，取得更好的成绩。这反过来又进一步提高了学生的自尊心和自信心，形成一个良性循环。

2. 外在因素

除了内部因素外，外部因素也会影响英语教育。教师与环境就是外在因素的主要内容。

（1）环境

大学的英语教育需要环境教育。环境关联的对象范围非常大，并不单单是与学校有关。事实上，高校当中的环境既是一个社会环境，又是一个学习环境，在校园环境当中学习和生活的学生，环境对他们的影响是巨大的。

社会环境影响大学英语的教学与学习，作为一种学习资源，社会环境对于大学的教师与学生来说，都是十分重要的。社会环境要素可以分为两个层次：文化环境要素和物质环境要素。在英语教育中，环境是最基本的要素，比如是否有合适的教育场所、是否有丰富的书籍或者是否拥有合适的教育等。环境对学生的教学和学习都很有利。尤其是近年来，师生在课堂上互动的可能性已经被人机取代，学生可以根据自己的情况选择内容和计划。同时，学生也可以安排自己的学习时间和地点，不必受到时间和场地的约束。学生在与教师的互动当中，也可以主动提出问题，向教师寻求解答。如今，信息技术发达，为大学英语的学习提供了更多的可能性，也为师生间的互动提供更多可能。

文化环境是通过教育和学习来实现的。文化环境将对教育、价值观和思维方式产生重要影响，也将影响英语教学策略。例如，英语教育深受中国当前文化和氛围的影响，它赞扬自我宣示和独立思考，但忽视师生之间的合作。很多学生在学习大学英语的时候没有自己的学习策略，获取知识的唯一途径就是在课堂上。他们的心态更多地倾向于接受者，也就是知识的获取全靠老师灌输，自己对于知识不再有独立的思考。

与社会环境相比，学习环境可以对英语教育产生更直接的影响，并在学习策略的制定和使用中发挥重要作用。与社会环境相比，学习环境相对比较具体。对学生来说，学习和学习活动是一个复杂的目标和过程。一般来说，教育环境的设计是为了满足学生身心发展的需要，以适应学生的身心发展规律。可以看出，外部学习环境实际上是由学生决定的。

（2）教师

在所有外来因素当中，教师对于英语教学来说是最重要的因素之一。在很多人的观念当中，大学英语教师的职责就是教授语言、词汇和语法等基础语言科学，但是实际上，大学英语教师的教学职责还有听、说、读、写、译这类的语言技能教学。除此之外，学生的学习方法也需要教师去引导，教师的教学策略、教学理念、个人人品都会对学生的学习产生巨大的影响，这种教育的影响是非常巨大的，教师应该尤其注意。教师的言行，可能会影响学生的一生。

不同的教师会根据自己的教学结构进行教学，这是因为每位教师对于英语教学的理解都是不一样的，但是单纯按照教师的教学结构来学习，并不能提高学生英语学习的质量。为了保证良好的教学环境和学习氛围，教师的管理活动也应该好好编排，使得学生的积极性被充分调动。

第二节　高校英语教学的原则及方法

一、大学英语教学的原则

教学原则本质上是指教学过程中的基本要求和行为准则。教学原则要求教师在教学过程当中设立教学目标，遵从一定的教育规律。大学英语教育的基本原则需要包含语言学科的特点，还有符合学生学习的心理特征。在具体的教学实践中，许多专家和学者总结了一些指导当前大学英语教育的基本教育原则，按照这些原则，教学质量可以得到较好的保证。

（一）以人为本原则

在教育过程当中，我们应该改变固有观念，应把学生作为教学过程的主体。这样的观念我们称为教育当中的"以人为本"观念，也可以换个说法，那就是以学生为中心原则。以学生为中心原则就是在教学的过程当中以学生为主，根据每一个学生的不同情况制订不同的教学计划。学生的不同情况包括：学生的学习目标、学生的学习习惯、学生的学习兴趣、学生的学习困难等。所以教师在制订学习计划的时候不能只制订一个，而是要根据不同学生制订不同计划。而教师这么做也是为了让学生克服学习的畏难情绪，积极学习知识，从而形成良性循环。

在这种教学环境当中的学生，可以顺从自己的学习方式，以自我为学习的中心，拿出最大限度的精力和热情，更加积极主动地学习。

（二）交际性原则

交际原则与英语教学的最终目标一致，是大学英语教学的重要教育原则之一。尤其是交际原则下的英语教学应注意以下三个方面：

1. 重视交际工具作用

在如今的社会当中，英语作为国际通用语言，越来越得到重视。出了国门之后，英语就是一种通用交流语言，通过英语的使用达到跨文化交流的目的。高校英语的教学就是为了让大学生掌握这项技能，在国际交流当中利用英语作为交际工具，并具有沟通的能力。所以说，高校的英语教学应该以沟通为最终目的，以学生为教学中心，将英语的教学带入生活情境。课堂的教学也不能只停留在课本，应该让学生了解到英语学习的重要性，找到学生的兴趣点，让学生主动学习英语、快乐学习英语。

除了教学方法之外，教师的个人英语能力也应该不断提升，除了在教学课堂当中的讲授活动外，还应该多设立英语教学活动，在活动当中学习，在活动当中交流，这样，不仅提高了学生的学习兴趣，也提高了教师的能力，让教师接受新鲜知识，提高自身素质。因为在我国英语不是母语，没有英语的交流环境，所以，英语课堂上的交流就十分重要，作为高校大学生少有的英语交流环境，大学课堂的交流需要由教师引导，学生应积极参与。但是学生在课堂上的时间毕竟很少，只有将英语的交流延伸到课下的情境当中，语言才能具有自己的生命力。教师应该鼓励学生在课堂下互相交流，用英语对话，给彼此创造学习环境。

2. 重视语言语境的影响作用

在传统的英语教学当中，更多的是教给学生读、写、听的能力，对于开口说英语这方面的要求几乎很少，英语学习的最初目的就是沟通，所以现如今的大学英语教育应该更加偏向让大学生把英语"说"出来，这样才能够达到沟通的目的。

语境对学生的交际能力有很大的影响，教师应该注意在课堂创造良好的语境。尤其包括那些很常见的元素，即使它们使用相同的语言表达，在不同的交际语境之下，带来的交际效果也是大不相同的。因此，在不同情境下，让学生扮演不同的角色来进行英语对话，这对学生的语言水平有很大的帮助，也能增进师生之间的交流。

3. 重视语言教学的生活性

大学英语教学应该在教学中关注学生的生活，因为语言是服务于生活的，只有结合生活感受英语的学习，才能找到学习的法门。教师可以整合受学生影响的教学内容和主题，为学生提供充足、丰富的学习材料。这些材料来自学生的生活当中，会让学生产生共鸣，这种由共鸣产生的熟悉感正是学习所需要的灵感来源，可以调动学生的学习意识和参与意识，教学效果也会随之提高。

（三）兴趣性原则

俗话说，兴趣是孩子最好的老师。在英语教学过程当中，兴趣是可以让学生高效率学习的内驱力。学生对于未知的领域天然抱有一种好奇心，教师应该充分利用他们的好奇心，引导他们以积极态度探索英语学习领域，增加学生对于英语学习的兴趣。大学英语教学还应注重兴趣领域的影响原则，在学生感兴趣的情况下，充分调动学生的情感因素，让他们能够主动学习英语，热爱英语学习氛围。以兴趣原则为指导的英语教学活动，可以从以下三个方面入手：

1. 充分了解学生的特点

教师应充分了解学生的特点，每个学生的性格都是不尽相同的，因为各个学习因素的差别，每个学生的个人特点也就不一样。根据每个学生的不同来制订不一样的教学计划，在尊重学生的基础上，让学生自己对英语学习产生兴趣。学生有了学习的乐趣之后，对于学习的热情就会高涨，主动学习成了学生的学习状态，学习的效率才会大大提升。这在英语教学上也是事半功倍的事，教师从"蛮力"灌输转变为"巧劲"引导，学生也可以有更多思考，学习也会更有乐趣。

2. 改变教学方式和评价方式

在原来的大学英语教学方式当中，英语学习更偏向于死记硬背，只要把单词全部背下，就能应付考试。这种教学在英语学习的初级阶段是有效的，但在大学英语后续的教学中效果甚微，它只是让学生知其然而不知其所以然。在大学英语教学方式进行改革之后，大学英语的学习更多的是使学生掌握英语技能，了解英语语言的内在逻辑，从而为未来的语言交流奠定基础。

3. 对教材进行深度挖掘

教材在教学中发挥着重要作用，教师和学生在课堂上都会以教材为基准进行英语学习的推进。教师应该提前摸透教材，对于教材当中的难点、重点加以把握，还要尽量以学生感兴趣的点作为讲解切入点，提高学生学习兴趣。

二、大学英语教学的常见方法

现代英语诞生于17世纪，在其发展的过程当中，有关英语教学方法的研究就从未间断过，许多学者一直在重点关注。如今，多元化、综合化是英语教学的发展方向。以下是几种常见的大学英语教学法，教师可以通过掌握这些教学法提高自身的教学效率：

（一）课程安排法

1. 语法新授课

在英语课堂上，语法可以分为新语法课和语法复习课。新语法教学可进一步分为两类：第一类是具有隐性特征的间接语法教学，它渗透到各种英语技能中，以培养学生的语言技能为主，以语法教学为辅；第二类是专注语法的教学，对于语法的专注学习能够更好地让学生注意到语法的重要性。

在间接语法教学中，教师的教学设计包含了语法教学任务。学生的语法学习必须在教师的帮助下进行，教学方法一般选择教师创设的情境或具有明显特征的情境，接着进行具有明显共性而非单一形式的活动。教师在这个过程中需要做的就是时刻关注学生在参与活动时的状态，分析每个人对语言的模仿和构建能力，使得最终的统一教学目的可以实现。

语法教学的最佳条件就是：当学生了解了基础知识之后，对于更深层次的知识又不太了解，这个时候，他们就需要学习语法，以使学习达到更高深的程度。也可以这么理解，因为学生的个人素质是不一样的，虽然接受相同的教育，但是对于知识的理解大不相同，所以，语法的教学要根据实际情况来进行区分，比如什么时候需要语法教学，什么时候不需要。在现如今使用的英语教材当中，更注重学生对于单词、短句的掌握情况，教材内容也基本是围绕这个目的，对于语法的教学寥寥无几。这样的情况对于大学英语教师来说，确实是有些尴尬，这让他们无法把教学重点转移至语法教学。

大学英语教师之所以这样形容学生与语法教学内容之间的关系，可以从以下三点看出端倪：第一，学生对于英语学习的接受程度不一样，接受程度较好的同学可以在较短时间的学习当中就掌握语法，并且在学习的过程中很容易促使教师加快讲课节奏。第二，大部分学生在一段时间的学习之后，也能够很好理解语法内容，可以跟上教师的上课节奏，但是因为课堂上很少会有实际使用情境，这就使大部分学生在了解语法知识之后没有实际运用机会，导致他们知其然不知其所以然，会让学生产生迷茫情绪，不知道自己学习语法的意义何在，致使他们学习热情消退。第三，学生之间对于语法知识掌握程度不同也并不是只有负面影响，从好的方面来看，教师可以通过学生掌握的情况来建立一个自己的教学资源库，总结并归纳出语法教学规律。另外，学生之间存在的差异也是进行语法学习的有效资源，当在课堂中遇到无法解决的难题时，教师可以组织学生内部开展小组讨论，形成组内互助，然后不断提升学生的学习能力。对以语法教学为主的课堂以及相对重视渗透性语法教学的课程来说，对准确性和规范性的要求更上了一个台阶。在进行语法教学的课堂上，语言场景的设置除了要在一定程度上体现抽象语法与具体材料的有效融合，更要体现出学生的学习过程和教材内容的有效结合。

2. 语法复习课

单元复习、阶段复习和学期各类专项复习等是语法复习课的基本形式，在这些基本形式当中，形式各有侧重，对于复习的要求和方式也是各不相同。

现在比较常见的一种英语教学方法是课内与课外相结合的方式，也就是课下学生先自己进行学习，然后概括出涉及的重点和难点问题，在随后的课堂活动上大家再集思广益进行交流，通过与同学进一步的讨论，会加深对知识的印象并提升自己的认知。

比较、概括、归纳和总结这四个方面是对于语法复习课最为重要的四个步骤，也可以说，这是综合性复习当中必须走的四个步骤。这四个步骤一方面可以全面地让学生对于所学知识有一个综合性复盘，能够让复习的过程有的放矢，最终的目的也是通过复习，让学生对于新知识再次记忆。另一方面能够帮助学生理解知识，使学生对于知识的理解更加深刻。

学生需要认识到归纳和总结的目的在于提升自己的自主复习能力。而从教师的角度来说，需要在正式的课堂教学活动之前帮助学生预习相关的语法规则及适用的条件等内容，以便在进行课堂教学时可以提出有针对性的问题，然后有的放矢。比较方法的运用主要是为了使学生的语法可以与具体的语言环境相适应，主要分为内部语法现象之间的比较和母语与所学语言之间的语法比较等。通常来说，英语与汉语之间的语法比较是很宏观的，因此，在课堂教学中几乎不会出现以显性教学为基础的内容，两者之间采用的是以英语为主的内部语法比较法。

从教师的角度出发，在进行教学设计的过程中，如果想尽可能地提高学生对语法复习课的掌握能力，那么采取比较的方法对语法现象进行描述是非常可取的，这里准确的描述主要有两方面的内涵：第一，教师要对比较的语法现象做到心中有数，找出英汉语法之间的异同点。第二，要对两者之间容易出现分歧的地方有一个整体认识，以便可以及时制止错误或者是提前意识到错误而将错误率降到最低。只有准确的比较和有意识地描述才是有效比较，这两件事是相辅相成的，只有描述得越准确，离成功才会越接近。比如说，如果是一个简单的对比过去和现在的一个动词，那么首先要做的就是确定两者之间的时间维度、元素之间有什么共同之处，这样的比较就不会让学生引起混淆，能够更加清楚地理解学习。但是，如果我们想从根本上解决与时间有关的问题，就必须了解时间背后的事物状态。

（二）任务型教学法

任务型教学法在大学英语教学中非常普遍。任务型教学法又被称作"任务型教学途径"，是一种基于任务发展的教学方法和形式。它是一种教学形式，教师预先设定作业，引导学生用所学知识完成作业，是提高学生语言技能的重要手段。

1. 步骤

任务型教学法一般包含三个步骤，分别是任务前、任务中和任务后。任务前需要教师将任务情境引入，向学生明确任务要求，提供完成任务的基本语言知识，这些都是任务的准备过程，让学生对于任务有一个目标。在任务中，学生作为完成任务的主体，要运用自己的语言知识与语言能力努力完成目标；教师的任务就是在学生完成任务的过程当中，扮演引导者、伙伴、监督者的角色。任务完成并不表示结束，学生还应该针对这次任务展开报告，总结在此次任务当中学习的知识与技能；教师则对学生此次的任务表现给予评价，指出还需要改进的地方。

三个步骤的任务划分十分明确：第一，教师为学生设立任务目标，并且给他们提出具体的要求，在划分好任务之后，让他们独立思考解决途径；第二，组织学生展示和报告作业，鼓励学生说出自己的学习思路和学习方法；第三，进行评估，并分配新作业。通过执行这些任务，学生可以体验语言学习的乐趣，而且在完成任务的过程中就学会了语言技能。

2. 设计

任务教学法的目标设计应该是言语技能的获得，在完成任务的过程当中，也就完成了言语技能的学习，这就是任务教学法的内核。任务型教学法要将任务设计在特定的课堂中，将生活里面的情境引入教学，使用这样的方法，让学生树立在日常生活中学习英语的概念。因此，教师在设计作业时应该关注学生的学习，使学生有明确的学习目标，也就是说，如何设计任务是实施任务型教学法的关键。在实施的过程当中，以下三点需要注意：

（1）设计真实的工作。在教学中，教师设计的任务应该是实践和模拟现实生活，所谓的真实的任务就是接近真实生活的任务。因为语言的教学不是真空的，只有贴近生活，才能够更加让学生印象深刻。在完成任务的过程当中，学生可以更加快乐地学习，因为任务贴近生活，可以让学生对于语言的技能掌握更加透彻。

（2）设计符合学生兴趣的作业。大学英语教学不同于中小学英语教学，教学对象是大学生，大学生的年龄正处于培养终身兴趣、形成完整"三观"的时候，这个时期的大学生有属于他们自己的心理特点，所以，教师在布置学习作业的时候，应当考虑这些因素，布置的内容也应该是贴近时代的，根据年轻人的兴趣爱好，找到流行因素，才能更好地吸引学生。例如，在角色扮演的活动当中，学生与学生之间或是学生与教师之间的对话，就能很好调动学生的积极性。

（3）设计可输出的任务。教师设计任务应该是根据学生的语言水平进行的，只有根据学生的真正水平设计任务的难易程度，才能让教学任务成为真正的输出活动。换句话说，这些任务必须是"可以达成的"和"有学习意义的"。

（三）分级教学法

分级教学法在最近几年是重要的教学趋势之一，也是英语教学方法最新的研究方向。分级教学法的理论基础是i+1理论，这个理论主张因材施教，认为学生是学习的主体。对于教师来说，能够鞭策教师，促进教师队伍的优化，使教师主动提高教学水平；对于学生来说，可以调动学生的积极性和主动性，提升他们的学习热情。

大学英语的教学，在现如今的高校当中，已经逐渐有了转变，从传统教学转换为现代教学模式教学，分级教学的教学理念是以学生为中心，在教学过程当中以学生为主体，制定适合每个学生的教学模式。大学英语分级教学模式在具体的实施过程中，还有许多应该注意的地方，比如说分级区分标准是否合理、分级区分度是否达标、负面影响是否充分考虑、评价标准是否科学合理以及级层之间的转换是否合理等。

1. 科学合理地分级

科学公正的判断对分级教育至关重要，因为取得良好的教学效果是学生教育的关键和前提。分级标准应该具备科学性，在实施分类时应该遵循的原则是：第一，制定统一评估标准，不搞特殊对待，并且分类与个人意愿相结合。第二，将考试结果与实际水平相结合。为了实现统一评估和评估的科学性，我们需要关注评估问题和标准的科学性。通常情况下，应根据《大学英语课程教学要求》中规定的各个级别的词汇，以分层和有计划的方式准备。学生在校期间一般都要做好评分工作，在具体实施过程中要注意以下两点：

第一，要按照一定的规格给学生分级，按照每个学生的成绩和学习能力，科学分级；第二，除了按照学生个人资质分级之外，学生个人的意愿也要充分考虑，只有这样才能最大限度调动起学生的学习热情。

2. 提高分级区分度

一般来说，分数线是根据考试结果确定的。比如，按照高考录取结果自上而下的划分层级，但这个方法很难准确测试学生的实际英语水平，因为高考成绩是综合的体现，并且一次考试的结果还是具有片面性。可能因为学生对于考试的重视程度不一样，所以期末成绩存在明显差异，也有很多学生因为一次考试几分的差距，而失去了进高级班的资格，这样的分级方式过于草率，也不符合科学性，对于仅仅哪次考试有失误的同学来说，也不太公平。分级的选择应该从单向选择变为多向选择，这样能够极大程度地保证公平性。这种评分方法不仅可以调动学生的积极性，让学生都积极参与，而且可以提高学生的学习意识，做自己学习的主人公。

3. 贯彻好升降调整机制

所谓升降调整机制是为了使学生的真实水平能够实时体现出来。在一定的时间间隔内，根据学生在这段时间里的考试成绩以及课堂表现，重新对学生评级。学生也可以充分表达自己的意愿，按照自己的英语学习兴趣，再结合自己的成绩来获得不同的分级。对于进步学生的升级不仅可以让进步学生本人更加热爱学习，积极表现，还能够在班级当中树立榜样，带动身边同学的学习积极性；为后进生安排班次，激励后进生，使后进生不断奋起直追。

（四）个性化教学法

1. 内涵

个性化教学是指教师在个性化教学中满足学生的个性化学习需求，这是因为学生的个性和需求存在差异。个体尊严和个体差异是个性化教学首要考虑的，这就要求教师在教学中尊重学生，使学生的知识、能力和情感健康发展，满足学生的个性化需求。除了学生，教师的精神和物质需求也要被满足。教师作为教学最重要的组成部分之一，在个性化教学中也需要被重视，教师作为一个职业，它的职业特性应该首先被满足。简而言之，个性化教育并不是某一单方面的结果，而是由师生双方面作用的过程，具体体现为以下两点：

首先，个性化教学的目的是强调教师和学生的个性，让学生和教师在学习的过程当中都找到属于自己的意义。这包括以下三个方面：一是个性化教学不等于个别化教学。个性化教学面对的是所有学生，强调满足学生的个性化需求，而个别化强调少数人和个体，因此个别化教育的目标是少数学生。个性化教学也就是因材施教，通过比较可以发现，个性化教育不同于个性化教学。二是个性化教育不等于个体化教育。个性化强调事物的统一性和独立性，它们既是相关的，又不是相同的。个体化教学强调一对一教学，也就是我们常说的单人教学，老师的一切教学活动都为个人服务。三是个性化教育和集体教育并不是完全对立的。个性化教学的教育对象是全体学生，这与集体教学的教育目的是一致的。无论是个体教学还是集体教学，只要教学满足学生的个性化需求，都可以称之为个性化教学。

其次，个性化的"教"和个性化的"学"。在个性化教学的过程当中，学生和老师都是主体，教师能够个性化地教，学生能个性化地学，这才是双赢局面，也是个性化教学的主要内涵。这其中的内涵包括以下三点：一是教师人格是教师个人教育的基础。如何实现个性化教育是每个学校都在思考的问题。一些研究人员指出，教师的个性化是地方教育和个人教育都需要的。转变对教师教育的认识，促进科学研究，引导教师自由人格品质，这都可以给教育带来新鲜的血液。个性化教育要求教师按照学生的个人发展，制定适合学生的教育方案。教师的素质高低影响着每一个学生的灵魂。在教学过程当中，了解、思考学生的价值观、情感、行为和需求是一件复杂的事情。这是造成教学效果差异的主要原因之一。二是学生的学习基于他们自己的个性。个性化学习要求学生具备一定的个性素质，最大限度地发挥学生的潜能。个性化学习的最终目标是要求学生"接受学习""享受学习""创造性学习"，也就是让学生自己制订学习计划、选择学习内容、安排学习进度。这些都要求学生具有创造性思维，拥有独特的个性和敢于面对挑战的勇气。三是学生的学习以及教师的教学过程，都是个性化教学的一部分。在个性化教学中，教师和学生仍然是相互依存的，即使教学条件相较于传统教学有一些差异，但是基本要素始终不会改变。个性化教学的宗旨是学生能够身心健康地发展，按照自己感兴趣的方向学习。个性化教育看重学生个人的个性化发展，其个人的个性与兴趣是关键，在现代的教育趋势之下，人们的创造力是第一生产力，个性化教育培养的就是富有创造性的学生，个性化教学不仅有助于学生在童年和青年时期实现个性发展，而且有助于学生养成终身学习的习惯。

2. 特点

大学英语个性化教学有其培养侧重点，是根据不同学生的英语水平和兴趣，培养学生思维逻辑和学习的能力。为了改善英语学习中教师与学生之间的关系，在英语教学过程中，教师必须尊重每个学生的价值观，让学生充分发挥他们的技能。要在生活中的各个场景里运用英语对话，在交流沟通中练习英语，这样才能将生活与英语的学习相结合，达到更好的效果。教师必须教授理论和方法，这是启蒙学生的第一步。英语教育是一种不同于其他教育的语言和文化教育，有以下四个特点：

首先是差异性。这个世界上没有完全相同的人，每个人都有属于自己的个性和特点，教师应该根据不同学生的特点进行教学，让学生尽可能充分发挥自己的内在潜能，在教学中利用这些差异达到有教无类的教学效果。个性化教学应该在理解差异性的基础上，想到如何解决这些差异性的方法，并让每一位学生不再因为差异性而不想学习。教学当中的差异性主要有：一是以教育为目的的教学方法具有特殊性。众所周知，英语学科基础不同于其他学科的知识，英语教学的期望也不同于其他学科，这导致了英语学生学习方法的不同。而且并不是所有的学生都是来自英语专业，不同专业的学生可能英语基础也是不一样的，在英语教学当中也要考虑到这一点。二是英语教师的教学风格也不是一样的，每个教师生活的环境、接受的教育、对事物的认知都是不一样的，这些不同就会体现在教学风格上，而教师不一样的教学风格则为个性化教学打下基础。三是教师和学生的人格是平等的。教师尊重学生的人格是师生关系良好发展的基础，只有师生之间的人格平等了，个性化教学才有可能实现。师生之间的人格平等也体现在教师充分尊重学生上，教师能够理解学生们的性格差异，对待学生不同的性格有不同的教育方法，让所有学生都能够得到个性化发展。

其次是多样性。个性化大学英语教学的多样性，主要体现在以下两个方面：一是教与学的多样性。个性化大学英语教学的特性就是尊重每个学生的个体差异，大学英语教学方法不是一成不变的，应该改变思路，使用特定的教学模式和测试方法，去追求标准化的课程，而且应该根据不同学生的不同需求进行设计；二是教学方法的多样性，英语学习的目标并不是唯一的，除了简单的认读英语之外，学生也需要掌握不同的文化学习技能。听、说、读、写都是大学英语应该有的教学目标。值得注意的是，大学里的每个学生都有不同的发展能力，学生有属于自己的发展意向，也就有不一样的学习侧重点。

再次是针对性。大学英语教师在教学的过程当中，应该针对每个学生提出个性化指导，个性化指导可以让学生对英语学习产生更多的兴趣，也可以让英语教学的质量提高。教师能够在教学当中，发现每个学生的长处和短板，根据每个学生的不同特点，改善自己的教学计划，提高教学质量，发挥个性化课堂的机制，展开个性化教学。大学英语个性化教学针对性体现为：一是大学英语个性化教学针对性的主要来源就是学生的差异性。学生之间的差别体现在许多方面的，智力水平是一方面，学习兴趣、学习方法也是需要注意的方面。大学英语个性化教学的针对性，需要教师了解每一个学生，尽可能地满足他们的需求。二是它还要求教师以不同的方式教授大学英语，学生的学习方式、情感和心理因素将影响他们的学习，每个学生的个人信息在课堂教授的时候就应该完成收集。教师必须根据学生的各种学习困难制订个性化教育计划，以提高学生的学习能力。此外，教师需要帮助学生分析他们的个人特征，引导他们利用自己的优势开发学习方法，并找出学生以前的失败例子，分析失败原因，找到解决办法。三是大学英语个性化教学是根据学生的能力、个性和文化背景，使教师选择合适的教学内容、教学方法和评价方法，并仔细划分学生的个性和教学活动的适配性。

最后是沟通。语言的作用有很多种，但是最基础、最重要的一点就是进行沟通，人们使用语言交流，表达自己心中所想，而每一种语言都与其文化内涵有所关联，没有一种文化是不依托语言来表达的，没有一种语言背后没有文化背景。因此，大学英语教学具有浓厚的文化魅力。在大学课堂上的英语教学法并不是学习基础语言的唯一途径，英语教育的主要内容是各种文化之间的联系，换句话说就是跨文化之间的交流。教师应该考虑学生的文化技能、翻译文化知识的能力和通过文化知识改变基本沟通技巧的能力，而语言交际技能主要是在更深层次上获得文化知识的基础。

（五）情境教学法

情境是交流过程中的环境。而在英语教学当中，情境教学法能够让学生更好地记忆语言内容，并且在日常生活当中也能运用出来。从学生的学习兴趣、生活经验和认知水平出发，创设出适合的情境，在情境当中发展学生的语言综合运用能力。

1. 来源

在 20 世纪 20 年代，帕尔默和亨伯特等人在英国发展了情境教学理论。在情境教学理论当中，最重要的就是让学生能够自然地学会语言，而为了达到这个目的，教师在实施情境教学法的时候，就要提供一个尽可能真实、还原的情境。而还原真实的语言使用环境，就需要弄清楚一些问题，比如，教育重点考虑哪些条件能促进外语能力的获得？外语教学必须建立在什么样的基础之上？哪些情况下在课堂上可以真实地对知识进行学习和使用？弄清楚了这些问题，才能更好地达

到教学目标。因此,在情境教学法教学实践中的基本实践如下:

(1)创设真实语言情境

英语教学的任务是培养学生的交际能力,也就是能够让他们使用英语交流。而英语作为一门语言,能听懂、能说出口是其最大的用处,也是学习英语的法门。而要想提高学生听、说英语的能力,最好的办法就是教师在课堂授课的时候使用全英语教学,也就是说,英语教师在课堂上,无论是讲课、提问、书写、布置任务等,使用的都是英语。除此之外,还应该鼓励学生开口说英语,也就是让学生在回答问题、写作业时都使用英语。这样能够从两方面提高学生的学习:一方面,他们必须听懂老师用英语布置的任务;另一方面,他们又可以自己开口说英语。在这样循序渐进的过程当中,学生的英语能力会得到锻炼,自信心也会得到增强。

"良好的开端是成功的一半",可以通过改变传统的教育方式,在学生与教师课堂的交流中加上一句固定用语,这样就把英语口语带入生活情境,这样的生活情境当中加入英语会增强学生的熟悉感,从而提高学生对英语学习的信心。语言的使用是语言教育的目标,提高英语利用率的最佳方法将是教授课程的所有内容都换成英语,这样学生就会觉得他们学习的英语是一种在生活当中可以使用的语言,帮助学生对自己的新语言建立信心。

(2)激发交际活动

根据创造条件的要求,以合理、适当和自然的方式指导学生。鼓励学生交流是英语学习课程的关键,在老师的引导鼓励之下,学生都能勇敢地交流,只要跨出第一步,后面的交流就会变成一种自然而然的事情。通过交流,学生可以更加深刻地理解英语学习的内涵。教师在教学实践中可以采用下列四种方法:

第一种方法是角色模拟,通过学生对角色的扮演,让学生主动学习说英语。这种方法利用了学生具有表现力的心理特征以及充沛的体力。经常要求学生在课堂上扮演一个角色,写出不同的场景,这样他们就可以在节目中练习,复习他们所学到的,这样教师就可以获得良好的教学效果。

第二种方法是使用多媒体教学方式来调动视听感官。在英语课上的情境模拟经常有限制空间和时间的问题。在这种情况下,多媒体教学可以通过录音机、视频和投影灯来实现。例如,剧本当中出现了沙漠,而在课堂上是无法真正体验的,这个时候就可以借助多媒体,播放关于沙漠的视频或者使用VR技术,让学生身临其境。学生了解他们在剧本中的角色之后,自愿行动并充分展示自己,互相评估。

第三种方法是教唱英文歌来营造轻松的学习氛围。选择一些简单的英语歌曲,节奏简单，容易跟唱。在跟唱的过程当中，音乐带有独特的吸引力，加上学生的理解能力，就能够让学生轻松地学习英语。

第四种方法是开展关于英语的各种课外活动。这是有效的补充教学方式。教师可以安排数量尽可能多的活动让学生学习英语。这些活动既丰富了学生的课外生活，又让学生处于一种良好的学习英语的氛围当中，培养了学生对于英语的兴趣，结合了课程的内部和外部环境，使得学生能够接受英语，把英语学习延伸到生活当中。

（3）肯定学生的创造意识

在今天的英语语境教学中，根据其各种形式、情感、意义和目的的特征，可以巧妙地将学生的认知活动与情感活动结合起来，从而在大脑的两个半球之间产生平衡的互动和协同作用。当老师脸上带着友好的表情，行为活动上有足够的安全距离，在语气中是有节奏的来试图传达自己的情感，这个时候学生就能够感受到教师传递的善意，从而更加愿意接受教师带来的启发。通过这些启发，学生能够更好地开创自己的想象力，把自己的创造力发挥到极致。

2. 创设适当情境

英语教学任务包括训练学生的书面英语能力，也就是我们常说的语言的"听、说、读、写"。而在这四项任务当中，听和说是最主要的两项。因此，根据交际内容创建一个适当的情境，可以让学生更好地了解学习内容，可以让学习更高效。

（1）词汇教学

在词汇教学的过程当中，要尽量让学生融入特定情境当中，充分调动学生的所有感受，这样才能够让他们在情境当中找到单词的记忆方法。对于刚刚接触英语学习的人来说更是如此，在最开始学习的时候就打好基础，培养正确的英语思维，有利于他们之后的英语学习。英语单词和图像画面联系在一起的时候，会让学生更容易记忆，也会使得学生的记忆更加深刻。

（2）句型教学

句型操作也需要情境创设的介入。可以结合交际功能的设计，让学生在对话当中学习句型，然后进行机械、重复的操作，让学生对于句子产生语感，再采用情境教学法进行句型教学。英语正文中的句子一般比较短，这样的句子有利于人际交流，比较容易在情境中进行介绍。例如，"Go for it Starter Unit 5 Section A 1a"部分在教学会话时，这部分的语言目标是分辨颜色，句型是"What colour is it ?"教师自然地用五个步骤，把事先准备好的颜色变成红色，"What colour is it ?"回答"It's red"的学生，可能还不明白对话的意思。老师会拿起绿色的卡片说："What colour is it？"像"It's green"这样，用不同颜色重复两三次对话，就会有"啊，我在辨别颜色"的实感。之后，教师拿起黄色的纸片，让学生思考如何提问、如何回答，然后分组进行对话表演。这样的教学循序渐进，能够让学生慢慢进入对话情境当中，这比用中文导入的效果要好。在课堂上，要充分调动学生的学习兴趣，让他们的"五感"都投入到学习中。利用"五感"去学习英语对话，他们对对话的记忆也会加深。例如，"Go for it"教材的设计就很典型，对话中有插图、动作、表情，而不仅仅是枯燥无味的黑白文字。这无疑是完整的情境创造，学生可以通过学习教材上的对话，模仿教材上面的动作来完成对话。

（3）语法教学

语言交际能力是英语学习的目的，语法知识是其中的基础，教师在教学时应多关注语法知识的教学，将英语学习引向其交际功能。在英语学习当中创设情境，能够将英语知识具象化，将语法学习融入对话当中。如教材中的"Be"动词用法，完全可以用交际的形式来教学。

3. 注意的问题

（1）要联系生活实际

在课堂上设置情境教学，最重要的一点就是要联系生活。如果情境教学不联系生活实际的话，那么这样的教学就是空中楼阁，让学生无法真正意义地了解所教学的内容，更别提能够感兴趣、认真参与其中了。

（2）要适合不同层次的学生

在设计课堂会话时，要适应不同水平学生的参与。这就要求教师能够把控好课堂会话的难易程度，在会话长度的设计上，也不应该太长。主要要求是允许学生自然表达他们的意见，从而允许学生享受平等的资源和教育机会。

（3）要导入情境

情境学习法得到效果的关键是情境导入的方法。它使用了一些更常见的方法：第一，角色扮演。在教学课堂上布置任务，设置一个情境，让班里的学生扮演情境当中的角色，这是利用了大学生的个人表现欲，他们大多渴望在众人的目光下表演，当他们在课堂上的时候，可以完全地沉浸在角色当中，自主地学习英语知识，练习口语。在课堂之下，他们又会回顾自己在扮演角色时所学到的知识。当学生被要求分成小组时，要站在舞台上表演、展示他们的角色，这就加强了学生的记忆。与此同时，角色的台词、面部表情和行动必须相互配合，这个过程培养了学生参与和合作的习惯。第二，教一首英语歌来学习英语，学生在倾听英文歌曲的时候，歌曲优美的旋律容易将学生带入良好的氛围当中，歌曲的歌词也会在潜移默化当中被学生牢记。在每节课开始时，教师都会用英语为学生演奏一些优美的歌曲。这个"热身"系列让学生意识到学习英语是多么轻松快乐。

（4）要改变教学观念

英语的新课程改革已经实行了好几年，所有教师都一直在致力于提高学生的素质。为了让英语教学真正解决这些困境，教师必须进一步学习语言的规律，从根本上了解语言学习的方法，再进行改革、总结、纠正并接受新的外语教学观念。

（5）要从青少年的心理特征出发

要了解青少年的心理特征，这是英语教学成功的重要先决条件。学生容易受到好奇心的驱使，并善于表达，更需要心理方面的刺激。在学习的过程当中，学生的这个特质让他们更加主动、大胆的学习。而教师就应该利用好学生的这一心理特征，从赞同的角度鼓励他们学习，让他们的学习欲望得到满足。

（6）要对教师自身素质提出更高要求

教师是高质量的教育工作者。教师的思想、学习能力和教学方法会直接影响高质量的教育。学会做一名教师，就要学会如何和学生相处，教师必须熟练地展示和创造鼓舞人心的环境，自身也要做好模范作用，树立终身学习的理念。与此同时，努力地让学生在课堂上感受到真正的快乐。

（六）混合式教学法

1. 内涵

从学生角度来讲，混合式教学法不同于传统教学法，但是又没有完全脱离，是在传统教学法当中，加入了现代信息技术，产生的一种新型教学方法。传统教学利用自身的优势，可全面落实师者传道、授业、解惑的目标。然而，混合式新教学法通过发挥信息网络技术优势，便可为学生提供便捷的学习环境。混合式教学法具有便捷性和高效性特点。事实上，混合式教学灵感来自"B-learning"这个词汇，强调在既往学习模式的优势中引入新网络技术，实现"E-Learning"。在利用混合教学模式时，需要发挥教师导向性作用，注重引导学生，监督学生学习过程。目前，在"互联网+"环境下，高校便可实施混合教学计划完成英语教学工作，添加微课、翻转课堂等多种新型教学模式，依托学习软件，促使学生自主学习，与传统教学课堂相得益彰，从而助力学生提高英语学习质量。

2. 必要性及可行性

（1）必要性

伴随社会的发展，"互联网+"已走入人们的视野。目前，数字化教学建设不断完善，加上智能手机、电脑及各种学习软件的普及，促使高校学生汲取英语知识的途径越来越广泛。为此，在当代高校英语教育改革背景下，教师应勇于尝试混合教学模式。通过混合式教学，可以有效提升学生知识应用能力，改善课堂教学效果，这对高校英语教学改革工作具有超强价值。

（2）可行性

在"互联网+"背景下，学生获取英语知识的途径越来越广泛了。同时，教师授课方式也发生了一定改变。教师在具体教学之际，可以指导学生通过笔记本电脑查找资料，助力学生解决疑难问题，与学生之间进行高效互动。在互联网技术支持下，教师可以协同推进线上线下混合教学，并结合不同学生具体情况，展开个别辅导。同时，学生在学习期间，还可以应用互联网App及其他网络入口展开在线学习，从而提高自主学习英语的能力。此外，"互联网+"在高校中的应用非常广泛，在数字信息化校园建设过程中，电子学习产品越来越普及，这些均为混合式教学模式在高校英语教学中的应用奠定了一定基础。

3.教学设计创新

（1）应用互联网拓展教学资源

借助互联网手段教学，教师可将课本上不具备的英语资源信息呈现在学生面前。世界万物具有一定联系，知识与知识之间也不例外。通过互联网，可以收集更多英语教学资源。另外，教师结合混合式教学模式优势，还可通过微课手段来丰富英语资源，将所涉及的英语知识制作成兼具文字、影像、图片的数字材料，应用这些数字材料讲解内容，令英语课堂更具活力。微课的使用地点和时间非常广泛，具有超强的灵活性。所以，教师若能有效增加微课或慕课的课堂比例，便可有效增强学生英语学习的兴趣，在拓展英语资源时，让学生逐步提高英语学习技能。

（2）建设"互联网+"移动教学平台

结合混合式教学理念，打造"课堂+网络+移动云"的交互式平台。通过平台，重组高校英语教学资源，并引入微课教学方式，为后续创新混合式教学及学生自主性英语学习提供条件。通过应用移动云平台，便可以不断重组教学资源，实现搜索、学习、交互等各项功能，进一步扩充与完善英语知识体系，解决传统英语教学课堂遗留下的问题，从而促进学生主动学习英语。

（七）探究式学习法

探究学习理论其实在我国很早的时候，就已经有了雏形，在《论语》当中，很多地方都传达出这一个信息，那就是要不断探究学习、刻苦钻研、不耻下问。而在国外也有关于探究式学习的理论，主要的内容也是强调学生的主体地位，让学生在学习当中探究，由教师提出问题，学生在解答问题的时候，发挥自己的主观能动性，探究更深层次的问题，了解到更多、更深奥的知识，通过自主探究建立属于自己的知识体系。虽然现在在全球范围内，对于探究式学习还没有完全统一的说法，但是世界各国学者对于探究式学习的研究热情一日高过一日，探究式学习将成为大学英语的学习新模式，这是一个肯定的趋势。经过这些论述，我们可以总结出来：探究式学习就是学生在教师的指导下，充分探究知识，从而获得属于自己的知识体系。

1. 探究学习的原则

探究学习虽然目前在大学英语教学过程中得到了广泛应用，但是在使用过程中还是要遵循一定的原则，主要概括为以下两个原则：

首先，学生应该是教育主体的原则。在探究性学习当中，学生作为学习的主体应该被更加重视起来，而教师应该扮演的角色是一个引导者，而非是指导者。在探究性学习当中，学生可以充分发表自己的意见，在不断发现问题解决问题的过程当中，学生的每一个想法都会被教师尊重，为了得到自己提出问题的答案，学生需要不断地翻阅资料和汲取知识。在这个过程中，学生始终是学习的主体，采用的方式也是自主性的学习。经过比较之后，我们就能够得出，那些学生自己提出的问题，然后通过自己的努力找到答案，在这样一个过程当中学生对于知识的记忆会更牢，而且对于知识的探究精神也会更强。

其次，合作原则。这里的合作原则指的是在学习的过程当中，教师与学生能够达成合作的关系。有人肯定会发出疑问，按照合作关系的定义来看，那岂不是与上文的探究式学习相悖了，因为探究性学习讲的就是学生作为学习的主体，自我探究知识。但事实上在一个完整的学习过程当中，不可能只有学生，教师的指导作用也是非常重要的。而且作为学生来说，在探寻新知识的过程当中，一定会有自己不理解、不明白的地方，这个时候就需要教师发挥他的作用，为学生解开这些难题。但是值得注意的是，教师在为学生解决难题的时候，并不是当学生遇到难题就马上为他解决，这样的话，与传统的学习方式就没有区别了。而是需要学生充分发挥自己的解题能力，在他们仍然解决不了的时候，教师再为他们解决这个难题。

2. 存在的问题

大家都认为，探究性学习是一种新兴的学习方法，所以在实践过程中会出现不同程度的问题，但其实这些问题总结下来，主要包括三个方面：第一，缺乏实践经验；第二，对相关理论的理解有偏差；第三，基础知识是不够的。这三个方面的问题，基本上也是对目前中国学生学习过程中存在的一些问题的总结。目前我们的大学英语书面知识的学习仍然处于中心地位，使用和提高综合英语的能力需要长期的努力。我们必须清楚地认识到这样的现状，才能针对问题逐一击破，用最优的方案来解决所有问题。

（八）合作学习法

合作学习模式之所以会受到如此的推崇，原因有很多，其中主要还是因为其在教学中的作用不可小觑。无论是在国外还是在国内，合作学习法的历史都十分悠久。在我国秦朝时就有这样的学习方式。

1. 合作学习法的策略

合作学习的形式主要体现在两个方面，即师生间的合作和生生间的合作。但是，不管是哪一种合作，最突出的特性依然表现为合作。因此，为了尽可能地实现这一目的，合作教学中还需要注意策略的使用。

（1）问题设置

课堂教学在合作学习上所占分量是很高的，教师在将信息传达给每一位学生的时候，要选择合理的方式，问题的设置也要合乎学生的学习规律，这样对于吸引学生学习注意力、调动他们积极性有很大的作用。问题的设置也是有方法的，如果设置的问题过于简单，学生不用思考就能得出答案，那么这样的问题设置的是没有意义的，问题需要有一定的难度，这样学生在思考的时候，才会投入全部的精力。

（2）分组

分组要考虑的因素是多方面的，不能因为某一个因素需要，就将其作为全部的分组理由。只有科学的分组标准，才能让每一位学生都尽可能地接受公平的教育。对于每个小组而言，科学的分组标准能够使每个小组的竞争实力相差无几，也方便后面的学习。

2. 合作学习法的应用过程

每一种教学方法都有一个得出最终结论的过程，在这个过程当中是先有理论知识，然后通过实践总结经验而得出最终最优解。合作学习的教学方法也正是这样。

（1）理论讲解

对于教学方法来说，理论讲解是最基础也是必不可少的一个步骤。在合作学习法中，理论讲解是教学方法的第一步。在理论讲解的过程中，可以确定教师的权威性，也为学生之后的自主学习打下了坚实的理论基础。在每次理论讲解的过程当中，教师应该将学生需要掌握的知识，深入浅出地讲解给学生，令他们掌握，还要让学生明确学习的内容与目的，这样才能为下一步的学习打好基础。

（2）活动准备

活动准备阶段是对于学生而言的，师生在了解到基础理论和学习的目的、目标之后，为了达成学习的最终目标，要开始准备学习活动的过程。在学习的活动准备阶段当中，首先要对小组的成员进行分工，明确每个人的任务，大家各司其职，在都做好准备活动之后互相交流自己得到的信息，这样可以有效地进行合作，节省每一个人的精力。

（3）活动开展

活动的开展是基于活动准备已完成，在活动开展的过程当中，教师要发挥组织带头的作用，让学生有条不紊地进入到合作学习当中。在开展合作学习活动的过程当中，最主要的目的就是让学生开口表达自己的观点，并且将自己的观点有效地阐述出来。在此过程当中，学生要根据活动的内容来确定自己的展现方式，例如，辩论活动和情境表演活动之间，就会有很大的差距，辩论需要学生个人厘清自己的逻辑，有序、有思路地展开辩论，而如果是情景剧表演的话，那就需要学生记好自己的台词，并且声情并茂地将内容表演出来。

（4）教学反思

在合作学习的活动结束之后，学生和教师都开始进行反思和总结是非常重要的一步。学生可以回顾在这次活动当中自己的表现是否尽力，是否全力发挥出自己最好的实力，如果有失误，应该想想在下次活动开展的时候，用什么办法来弥补这样的失误。而作为教师来说，应该进行教学反思，思考自己在这次活动当中是否是一个合格的引导者，对于学生的干预是否过多。这些教学反思都能够帮助教师更好地筹备下一次教学活动。

3.合作学习的效益

（1）批判性思维

批判性思维是现如今高校培养人才的基本目标，这样的目标适应现如今的社会，从这里我们能够看出来，许多高校的培养思维会越来越跟着社会需求走向来设置。批判性思维在合作性学习当中，占有很重要的位置，因为在合作性学习当中，需要所有成员都能够提出自己的想法，只有这样才能够在合作学习当中学到知识，也能从合作性学习当中发现自己的不足。批判性思维能够让学生在合作时带有理性、审视的思维来看待事物，从而发现事物的本质。

（2）积极的人际关系

小组间融洽和谐的组内关系对于合作学习效果的提升也是很有帮助的，这就要求组内成员彼此之间要有足够的信任，这样才能拉近双方的心理距离。而在面对分歧的时候，小组当中的成员也不能只想着自己的想法是对的，还应该多听取其他成员的意见，而当别人指出自己错误的时候，也不要在心里默默记恨，而是应该以宽广的胸怀去接受意见，从而改正自己的错误。在成员之间互相评价的时候，要本着尽量客观的原则，不能因为自己的主观意念影响评价结果，只有这样出来的评价结果才是有效真实的。另外还需要注意的是，如果小组成员之间只有互相提意见的话，那么久而久之，小组成员之间就会产生嫌隙，因为我们每个人都是更加希望被肯定，一句赞美的话抵过千万句批评。人是群居动物，同伴的夸奖能够促使人们的积极心理，会使其更加努力地表现。

（3）健康的心理

良好的学习效率不仅需要良好的人际关系支持，而且是心理学当中保持健康心理的一个重要建议。我们现在生活在一个互联网技术迅速发展的社会，合作意识、自尊和深度观察是维持精神健康的重要方面，人们的心理健康更加依赖他人的评价。从这个角度来理解的话，合作学习对健康心理的形成和维持具有不可忽视的作用，而健康的心理是一个人可以幸福生活的前提和保证。

第三节　高校英语教学的改革

一、大学英语教学的历史进程

（一）第一阶段和第二阶段

中华人民共和国成立后至1978年，这是大学英语发展的第一阶段；从1978年至1984年，这是我国大学英语发展的第二个阶段。在这两个阶段当中，大学英语的发展有何不同呢？在第一阶段，大学英语还没有作为一种专用语言被大学生学习，只是属于学生的个人爱好，有些学生是因为个人发展需要才会去学习英语；到了第二阶段，大学英语教学逐渐趋于正规化，人们开始重视大学英语，专门设立了大学英语课程，学习英语的大学生的数量不断增加。在国家层面上，专门成立了相关的教材编写委员会，来实现教学大纲和教材的正规化发展；在学校层面上，加大大学英语教师的聘请力度，也加大了大学英语教师的培训力度，这些都让大学英语教学发展得越来越好。

（二）第三阶段

大学英语发展的第三个阶段是指 1985 年至 2001 年。这一阶段的英语教育事业发展变化是可喜的，变化的方向是千变万化的。最开始，理工科和文科所使用的英语教学大纲是有所区别的，他们的大纲都不是同一本，颁布的时间也有所差距，尽管课程包含不同的方面，但它们在英语中设定的要求与公共课程相同。从那时起，公共外语被赋予了一个新的名称——大学英语。大学英语也由此进入了一个蓬勃发展的时期。

第三阶段的要求是专业阅读（必修）部分最好以 100~120 学时为宜。在这一阶段，各高校可以根据自身的实际情况开设相应的选修课程，只不过专业阅读仍然处于中心位置。此外，大纲还对那些没有满足大纲要求的学生做出了进一步规定，这一过程主要由大学英语预备一级和预备二级两部分构成，第一个阶段要求较低，对于词汇量的要求只有 700 个，这样的要求在英语学习当中很容易就可以达到；第二个阶段的单词量要求是 1100 个。

（三）第四阶段

大学英语发展的第四阶段是从 2002 年到今天。这一阶段的英语教育得到发展，也进行了改革。然而，随着新时代的建设要求，高校英语教学也有新的目标，面临新的挑战。在这之前的教学大纲存在一些不完备之处，针对这一问题，教育部在 2003 年的时候开始着手新一轮的大学英语教学改革工作，从此大学英语翻开了新篇章。

二、大学英语教学改革的必要性

如今，大学生的英语水平已经成为必要技能，不仅是衡量其综合素质的一个重要方面，而且受到各界的广泛关注与支持。虽然大学英语教学在教学过程中得到了进步，但是由于一些客观因素的存在，我国目前的大学英语教学过程中依然存在很多不是很完美的地方。我们现在需要做的是确定社会所需要的具备英语能力人才的现状。现如今的社会更需要的是社交性的英语人才，改变英语教育是一种普遍趋势。因此，我们需要分析变革的目标，然后找到合适的方法，确定高校英语教学应该走向哪一步，确认怎样的改革能适应现如今社会对英语人才的需求。

以下内容就从英语教学改革必要性的相关方面说起。

（一）课程设置改革的必要性

如今，国际交流日益密切，我国对于国际交流也越来越重视。高校学生作为社会人才的后备军，只有学习好基本的交流语言，才能够在国际交流中没有阻碍，尽情发挥自己的才能。基于这种课程理念，外语学习在很长一段时间内是作为一种教学工具来使用的，学生可以通过使用这种工具来获得学习外语的能力。

（二）教学内容改革的必要性

教学内容的改革是十分重要的一个部分，教学内容的改革需要注意以下几个方面：

（1）学习负担：学习当中是有一定目的性的，所以对于学生来说，会有一定的学习负担，这样的学习负担在一定程度上是促使学生学习的动力，但是一旦过量的话，对学生的身心则具有毁灭性打击。

（2）可教性：语言教学的可教性涉及了许多方面的内容，其中，要考虑学生的学习习惯、学习场所、学习时间等，只有在所有条件都符合的情况下，才能体现出可教性。

（3）不断推进：语言的教学过程应该是不断推陈出新和与时俱进的，要坚持吸收新形式的语言策略。

（4）策略和自主：语言学习的最终目的在于使得学生通过对学习策略的掌握实现自主性学习。

（5）间断性的复习：在语言学习过程中，学生应该有平等的不断复习所学知识的机会。

（6）语言体系：课程的语言必须要以可推广化为前提。

（7）干扰：并列学习的语言要提前意识到彼此之间是否会相互影响，如果答案是肯定的，那么这种影响要是正向的。

（三）教学形式改革的必要性

虽然高校在进行英语教学改革之后不提倡应试教育，但是定期对学生进行考核也是十分必要的，这有助于高校了解学生学习成果，也有助于高校学生掌握英语的基本技能，这些技能都是需要在课堂和课后自己花时间去学习的，而考核就可以起到监督的作用。

在现如今的教学体系当中，英语是一门主课，是所有课程当中，占分比最多，是学习时间最长的课程之一，由此就可以看出英语教育的重要性，以及国家对于英语教育的重视程度。我们的英语学习都是从小学就已经开始，在学习的过程当中也是十分辛苦的，随着学习的不断深入，在英语当中投入的学习时间也就越多。虽然我国学生在英语学习的道路上投入了大量的时间和精力，但是仍然有很大一部分同学无法学以致用。究其原因，一方面是我国整体的英语教学环境的应试教育趋势明显，教师仍然作为课堂主体以传统模式进行授课；另一方面，学生自身没有兴趣学习，没有意识到自主学习的重要性。这导致我国大学阶段的英语教学一直未能获得突破性进展。

英语四、六级考试在高校当中的作用，几乎替代了高校对于学生在英语方面的考核。从一方面来说，有这样的考试来作为检验标准，可以让大学生有学习英语的动力，但是在另一方面，一场考试就决定了一个大学生英语水平的做法，其实仍然没有脱离"应试教育"的桎梏。这样的考核方法并没有体现出英语教学当中的改革，反而是应试教育推崇的行为，所以在现如今的社会当中，对于英语四、六级考试的评价褒贬不一。甚至有的人认为英语四、六级的存在就是英语应试教育的证明。

（四）教学模式改革的必要性

1. 模块教学模式改革

典型的模块教育模式是一种新的教育方式。实施这一教学模式的前提是，将英语作为一种系统加以教学，然后从知识、技能和认识的角度对其进行分类，从而形成一种系统教学模式。在中学采用这一模式并不是一成不变的，而是根据不同的内容进行的，其最终目标是提高大学的英语水平。

（1）模块教学模式的一般含义。所谓模块教学主要是通过教法和学法两方面来实现的。"教"是基于教师的角度，强调教师可以做到知能一体，而"学"相对就是从学生的角度来体现了，要求学生达到知行一致。在这种教学模式之下，最终的目标不单纯是培养学生的单词掌握能力或者是交流对话能力，而是以培养学生综合英语能力为最终目标的。通过扩大学习的范围，引入学生更感兴趣的话题，让学生的学习兴趣高涨，对于英语的学习由被动变为主动。现如今的社会对于人才的需求是瞬息万变的，但是不变的是，无论何时，社会需要的都是高素质人才，只有具有很高的综合能力，才能不断进步，全面发展。

（2）模块教学模式的实施。根据教学大纲的要求，把学生学习的目标分为很多层次，每一层次都对应着不同的人才培养方法，如果完全按照人才培养的划分要求来培养学生，那么很难培养出全面的人才。针对这种情况，英语模块教学模式给出的解决方式是厘清头绪，分阶段有针对性地开展教学，而不是眉毛胡子一把抓。这一主张可以说和目前的教学要求不谋而合。

2. 网络教学模式改革

网络教学模式是如今热门的新型教学模式。虽然网络教学模式在过去使用得并不频繁，但是随着科技和互联网的飞速发展，网络教学模式出现在我们学习中的频率也逐渐提高。这种模式已经过了反复的实验，不断总结经验，这些经验可以作为大学英语网络教学模式的支持，有助于大学英语的教学。

三、大学英语改革的新趋势

（一）建模理念的兴起

学习需求建模的方式多种多样，但依据什么样的理念建模是考虑建模的首要因素。发展性研究应该是一个适合内部协调和活动标准的研究，包含了教育过程、产品的设计和开发评估系统。发展性研究不仅关注模型评估，还关注评估可能会具有广泛研究价值的信息，研究范围包括产品创新、产品使用等。一般研究的目的是分析信息、理解和预测，而发展性研究则是一直强调结果的大众化和贴近生活化。一些研究者认为发展研究法就是一种观察并分析个人生理或心理的各种特征，在发展过程中所显示的个别差异现象的研究方法，其主要兴趣在于探求由时间的推移而产生的改变情形。研究范围包括动作发展、情绪发展、智力发展、社会发展以及其他质量的发展，其类型包括生长研究和趋向研究。

（二）教师继续教育

1. 长期化的成长型继续教育趋势

现如今，对于高校英语教师的培养趋势，已经向长期化成长型继续教育方向发展，对于高校英语教师的需求也在逐渐改变，从只需要具备简单教授知识，变为需要具备综合研究能力的复合型教育人才。在今后教育改革的背景下，高校英语教师除了在教学上花费心思之外，还需要在自我提升、自我建设当中投入精力，教师的继续教育在会贯穿其任职过程始终，也作为一项重要内容被学校列入计划当中。在传统的高校教育当中，高校教师的主要任务就是教学与科研，但是在现如今的高校教育当中，教师的继续教育也成了主要部分，与教学、科研形成三足鼎立的局面，许多高校针对教师的继续教育制定了教师职业生涯的继续教育规划。

2. 将继续教育与职业晋升相结合

现如今，高校英语教师在入职后，面对教学、科研与继续教育三座大山，有些难以平衡。无论是在教学上，还是在自我发展上，高校英语教师都有自己的责任，但是如何平衡继续教育、繁重的教学任务与职称晋升，成了大部分高校英语教师的难题。为解决该问题，许多高校逐渐将继续教育的完成情况与职业晋升相结合，也就是说，高校英语教师的继续教育也是职称晋升的考核部分，按照一定的标准，定期进行考核。将高校英语教师的继续教育与职称晋升挂钩，可以有效缓解高校英语教师的一部分压力，使教师将更多的精力投入到继续教育的学习中。

3. 继续教育形式打破区域限制

现代信息化程度的不断加深，在高校当中信息工程的运用也已经很全面，这使高校英语教师的继续教育的形式有了很大的改变，高校英语教师继续学习的地区限制已经被打破，教育资源得以共享，实现了高校英语教师继续教育的资源合理分配。在未来的发展当中，高校英语教师继续教育的资源交流，不再局限于地域，可能在全国范围内的高校都可以进行合作，各地一同分享继续教育的资源，一起探讨高校英语教师继续教育的对策。除此之外，高校英语教师的继续教育如果要规范化、制度化、长期化、精英化的话，就一定离不开校外机构的监督，可以设立校外监督委员会，对高校英语教师继续教育的考核和过程进行监督。

（三）教学模式创新优化

1. 优化英语课程结构

高校英语教学中存在的一个显著问题就是课程设置的问题，在传统英语教学中，精读课程的内容占据重要的部分，这不利于学生综合英语素养的提升，因此，要优化课程结构，加强实践课程的设置。高校要完善英语教学体系，重视理论教学与实践教学的结合，将精读课程、写作课程、口语学习课程等结合在一起，切实提高学生的英语应用能力。大学的学生要经过四、六级考试，部分学生还要经过雅思考试等，因此，要重视英语综合能力的提高。英语教学中语篇组织能力、语法结构、词汇能力、资料阅读等都是不可忽视的教学内容，并且要增加读写比例，为学生提供听说训练，提高学生的英语运用能力。

2. 加强信息化技术的应用

21世纪是一个信息化的时代，在这样一个时代，网络技术的应用十分广泛，渗透各个领域，在教育领域的应用也十分显著。在高校英语教学中采用信息技术是有效提高英语质量的方式，高校教师可以建立英语教学的平台，例如，利用

第一章 高校英语教学概述

QQ 群、微信群等进行教学任务布置和教学评价等工作，可以及时为学生布置作业，学生也可以利用平台随时与教师沟通，对存在疑惑的地方向教师请教。另外，英语课堂教学也可以利用计算机等多媒体教学方式，吸引学生注意力，提高英语教学的趣味性，进而调动学生学习英语的积极性。

第二章 "互联网+"时代英语教育的变革

本章的内容为"互联网+"时代英语教育的变革,分为三个部分,首先是"互联网+教育"综述,然后陈述了"互联网+"时代对高校英语教学的影响,最后说明了"互联网+"时代高校英语教学的原则。

第一节 "互联网+教育"综述

一、"互联网+教育"的概念

"互联网+教育"是互联网与教育技术的深度融合。通过互联网的技术和工具,我们可以改善当前的教育现状,提高教学的质量和影响,创造和发展教育新生态。

"互联网+教育"的提出主要基于以下两个背景:第一,教育信息化是建设一个强大的教育国家的需要之一。现代发展教育与教育并举,解决我国教育发展中的有限问题,是我国从教育大国向教育强国快速发展的重大战略选择。第二,在信息时代,对于人才的需求是快速变化的,这取决于社会与经济的需求。科技进步迅速,带来的是人才竞争的激烈,各国对于人才的培养,正是国际竞争的关键。习近平总书记深刻指出,"当今世界的综合国力竞争,说到底是人才竞争,人才越来越成为推动经济社会发展的战略性资源,教育的基础性、先导性、全局性地位和作用更加凸显"[①]。

"互联网+教育"是指"互联网+"正在触发教育教学模式变化,教育在信息时代之下也需要适应时代的变化,具体方向就是全面推动教育评价方式创新,显著促进教育治理水平提升,在这样的背景之下,时代对于教师的要求更高,需要教师具备更高的能力素养、更全面的知识储备。

---

① 引自2014年9月9日,习近平总书记在北京师范大学的讲话。

二、"互联网+教育"的基本特征

（一）跨界连接

"互联网+"中的"+"表达的是一种跨界，不是简单的叠加，是基于技术实现深度融合和创新变革，是由此及彼的连接，在跨界连接基础上产生一种新形态。在教育领域，在互联网基础上，可以"+德育"，可以"+课程"，可以"+教学"，可以"+管理"等。

换句话说，就是这些教育领域的不同分支在现在互联网的时代下，与从前传统的方式相比，得到了优化。通过技术的进步，产生了深度融合和二次创新，就是连接的意义。

（二）创新驱动

结果证明，创新不仅是技术层面的创新，而且是多方面的创新，包括教育模式、教育理念、教育评估和管理机制的创新。在这种情况下，我们可以促进信息和教育技术的变革。

创新驱动形成开放分享式的创新，在开放分享式的创新环境当中，教育才能够有新的思想落地萌芽。创新驱动促进教育众创空间的发展，众创空间的发展带动创新型人才源源不断的涌入，为教育事业的可持续创新做好铺垫。创新驱动强化技术对教育创新进行支撑，技术始终是行业的关键要素，强化技术可以支撑教育的创新。

（三）优化关系

优化关系是指"互联网+教育"打破原有的各种关系结构，使师生关系、教育机构与学习者的关系优化重组。这三者的关系是互相依存的，在传统教育模式当中，师生关系似乎总是古板的教与学的关系，教育机构也总是在充当可有可无"隐形人"的角色。在"互联网+教育"的影响下，三者的关系优化重组，以学习者为主导，激发其自主学习能力，达到事半功倍的效果。

（四）扩大开放

"互联网+教育"让教育离开学校，着眼于国家和世界，在不同民族交流之间产生作用，实现了真正的开放。我们通过网络学校、网络课程等形式，在本地区或全国范围内系统全面地推广优质教育资源。

（五）更具生态性

教育的生态性包含很多内容，并且教育的生态性是可以自我发展的。"互联网＋"使教育的生态性更加凸显，而基于互联网技术，教育变得更加便捷，学生学习的方式也更加多样，学生学习的内容也会有更多的选择，学习方式更加个性化、细微化，先进的技术可以帮助教师更广泛地关注每一位学生，学生的主体地位凸显，教学模式自然而然地就会发生改变。

三、"互联网＋教育"的发展趋势

互联网技术的发展，给教育带来了新的变化，"互联网＋教育"的模式，让教育迎来了新的发展，"互联网＋教育"的发展趋势，体现在以下四个方面：

（一）移动互联化

移动互联网是现如今信息技术高速发展的成果，移动端的增多使得学生和教师在使用互联网资源的时候更加便捷，学习不再受到时间、地点的约束，学习效率大幅度提高。这些特点除了能在学习上发挥作用之外，在人们日常生活当中也起了很大作用，现如今在乘坐地铁、火车、公交的时候，随处可见人们在刷视频、看新闻，这都是移动互联化给现代生活带来的改变，这些也正在悄然改变着人们的生活和学习。

（二）虚拟现实化

虚拟现实（Virtual Reality），英文缩写为VR，是一种可以创建和体验虚拟世界的计算机系统。

因为VR技术的发展，在教育领域使用VR也成了现如今的趋势。VR能够让学生在课堂就能随时随地地进入真实情境，这样的教学方法能够加深学生对于知识的记忆，用情感学习。可以预见，在未来，数字化培训将在教育和培训领域发挥重要作用，以实验室、虚拟教室、虚拟练场为基础，VR技术将会为教育发展创造新的生活。

（三）人工智能化

人工智能（Artificial Intelligence），英文缩写为AI。研究的内容包括机器人、语音识别、图像识别、自然语言处理和专家系统等。

"人工智能＋教育"的组合已成为未来趋势。未来教育要关注以下几点：

（1）人机结合的制度体系与思维体系。
（2）核心素养导向的人才培养。
（3）学生的灵魂和幸福。
（4）个性化、多样性和适应性学习。
（5）人机协作的高效教学。

（四）共享经济化

共享经济是现如今的经济大趋势，其内核就是通过信息技术，把从前人们很难获取的资源进行共享，人人都可以找到自己需要的学习资源。

教育的共享经济化对于所有受教育者来说，都是一个好的现象，从教育投入来说，教育的共享经济化会大大减少教育投入资金，这对于大部分受教育者来说，都是很重要的一件事。教育的共享经济化将会促进教育教学理念的转化。教育与现代技术相结合，使得技术改变教育方式，这是对教育生态系统的完善。

第二节 "互联网+"时代对高校英语教学的影响

一、"互联网+"时代高校英语教育教学的变革

（一）教育服务变革

1. 发展历程

伴随着国际科技的飞速发展，国家之间的竞争也日渐激烈，科学成为第一生产力，而科学需要人才。国家对于人才的需求日渐增长，而人才的培养是需要教育来达成的。教育的普及程度从一定程度来说，决定了劳动者的整体素质。劳动者整体素质的提高，对于社会的发展、科技的推动都大有裨益。义务教育是所有教育的基础，只有打好基础，才能使教育得到发展。我们可以总结出三个方面的要求：第一，确保"双基"任务的完成，也就是要确保全国九年义务教育的完成以及全国青壮年基本文化的普及；第二，要对教育进行改革，向素质教育逐渐靠拢，形成全新的内容框架，改变以往的教学思维；第三，要全面提升教师队伍的素质化发展，将素质化教育的源头牢牢把控，树立教师终身学习意识。这三个方面的要求，使我国教育服务真正有了雏形。在义务教育的普及要求被提出之后，教育行业有了很大的改变，无论是学校基础建设，还是教师的工资待遇，抑或是

学科课程建设、教育督导机制等方面，都有了很大的改观。虽然在义务教育过程中没有直接提到"教育服务"这个概念，但正是义务教育的普及，为教育服务做了铺垫，对之后教育服务的发展起到了至关重要的推动作用。

　　教育服务的提出有着重要的历史背景。在我国教育当中，有着发展不均衡的客观事实，在社会发展不同的地区，教育的发展也是不同的。像是在城市与乡村之间、东部地区与西部地区之间，办学的水平、学校的硬件设施以及教学的质量都有较为明显的差距。这样的差距并不是不可弥合的，随着国家教育政策的鼓励以及义务教育的普及，不同地区之间教育的差距在逐渐缩小，虽然缩小之后，差距仍然存在，但这是由于不同地区社会发展水平具有差异性。即使国家基本公共教育服务供给多面向于教育资源偏落后的地区，但是仍然会出现优质教育资源与服务过度集中、缺乏共享的问题，而广大师生的需求也不尽相同。2012年7月至9月，国务院相继印发了《国家基本公共服务体系"十二五"规划》和《国务院关于深入推进义务教育均衡发展的意见》，这两个文件的发出，标志着我国教育服务进入了实质性阶段。这个阶段有两个主要特点：第一，重视均衡发展的覆盖范围，均衡发展是实现我国教育服务的关键，而均衡发展的范围不能仅仅停留在某些地区，只有保证均衡发展的覆盖范围广泛，才能打开供需矛盾的主要突破口；第二，推动均衡发展的各项指标和数据进入实际执行阶段，这就需要通过目标调控和总量控制来实现。

　　2. 家庭教育

　　（1）家庭教育观念

　　家庭教育的概念在美国比较流行，在美国有"家庭学校"这样一种教育模式，在这种模式之下，儿童不前往学校和同龄人一起接受教育，而是在家里学习，完成学业。美国研究者的研究表明，在家庭学校学习的学生比公立学校学生优秀的具体表现为：更善于与他人沟通、有礼貌、自我概念强、会灵活运用技术和时间。为什么会出现这样的结果呢？这其中一个重要原因就是，在"家庭学校"这种教育形式之下，会比较重视父母的参与。无论是发达国家还是发展中国家，学生受教育的过程当中都会面临"择校"的问题。虽然在不同国家、不同地区都在持续地使用一些政策来控制，但"择校"问题仍未得到充分解决。这是因为家长的教育理念和家庭教育理念才是影响择校的最主要因素。学校的选择性入学条件可以通过明确的规章制度来约束，但家长的教育理念和家庭的教育理念很难用条例来规定，这可能就是择校问题难以解决的根源。所以，要尽快树立家长的培育价值观，还要引导家长重视家庭教育。

（2）家风

家风纯正，雨润万物。家庭是社会的最小组成单位，家风的好坏会影响社会风气的好坏，而社会风气则决定了一个国家的风尚。家风是家庭文化的一种，家庭中的每个人在工作、学习和生活中，都会或多或少地反映出家风，好的家风体现的是一种好的品质和品格。古今中外名人的家风，就很值得我们所有人学习。如《弟子规》中的内容，有许多是关于家风的。当然，我们在现代社会中，可能没有办法和古人相比，也可能没有办法做到"圣贤"的地步，但可以从个人做起，在家庭当中培养良好的家风，通过自己影响自己的家人，这些家族文化传承，虽然在短时间内没有很明显的益处，但是对于我们和未来一代来说，具有十分重要的意义。在我们的成长经历当中，家风对我们的影响是潜移默化的。一些好的家风值得我们传承下去，但是也要对一些不好的、过时的家风加以反省改正。这种反省的精神，本身也就是良好家风的表现。

（二）学习特点变革

互联网在教育中的使用是非常广泛的，在现如今的现代化教学当中，通过有效地利用学习过程和学习资源，教育的发展将直接受到鼓励，并且表现出"互联网＋教育"发展时期的特征，具体规定如下：

1. 以学生为本

现如今的教育从原来的以教师为主变为以学生为主。这样的教育要求使得学生成为学习的主体，让他们自主学习，将个人的需求与社会的需求相结合，成长为社会责任的承担者。

在应用"互联网＋教育"中，教学过程开始的时候，不是要考虑教师应该教授什么，如何更好地进行教师教学，而是要强调学生需要学习什么，以及如何更好地提高学生的学习。互联网技术的使用是为了更好地促进顺利的教学过程，让学生在学习的过程中得到他们想要的知识，让他们的学习目标能够达成。

2. 凸显教师作用

现如今的技术飞速发展，科技的服务对象越来越人性化，服务的宗旨也是满足使用者的需求。这样的发展使得个人的感受在技术的创作当中占有越来越重要的地位。

教师在教育过程当中发挥的作用是不可替代的，即使现如今的教育也在朝着信息化发展，人工智能可能会代替一部分教师的作用，但是不可否认的是，教师对于学生的引领作用是所有智能化设备都不能达到的，他们在教育当中发挥的作用在现如今更应该得到重视。

随着时代的发展，教师的教学不只是输出的结果或者直接传授知识给学生，而是应该根据不同层次的学生的能力，给他们制定不同的学习方案，并且在学习上跟进，使得他们能够根据自己的需求学到知识，一些优秀教师在教学中也加入了不同的技术教学手段。随着互联网技术和人工智能的迅速发展，"互联网＋教育"在现实教育中的应用，应更加注重个人因素，包括在实施教学技术和引入新的教学理论、理念、方法的过程当中，都要考虑个人。

3. 可选择性

一方面，"互联网＋教育"的发展适应了新时期科学技术的发展，为学生和教师提供了更多的选择，他们可以根据自己的需求选择技术；另一方面，也显示了各种教学技术对教学过程的"适者生存"。

用于教育实践的新技术是一场技术革命，在新技术革命中，所有的新技术都经过试验，最终选出最适合于教学过程的新技术，这种技术被选出来之后，才最终被广泛推广。

这里需要指出的是，当前有更多实际的物理教学技术被青睐。在信息技术教育当中，物理教学技术的使用效果更佳。例如，在美国，从1924年开始生产的教学机器，截止到20世纪60年代其被开发出来的种类多达83种，其中有许多因为电脑的诞生而被废弃。复杂的教学方法和教学的效果在一段时间内会被运用，可一旦出现更简单便捷的新技术，旧方法必然会被抛弃。

4. 非替代性

"互联网＋教育"一词专门指非替代教学技术的发展。在其他领域，科技的进步带来全新的技术，能够大大提高生产力。新的技术一出现，往往就会取代旧的技术。但是教育领域的技术是非替代性的，现如今教育过程当中出现了许多新的科学技术，但是从前的多媒体教学技术时代（如幻灯片等）没有退出教学舞台。一方面传统教学技术并没有被替代，仍然在教学过程中发挥作用，另一方面在线教学（用于基础技术教学的多媒体计算机网络）也正在蓬勃发展，不断地更新。

"互联网＋教育"的发展是一个累积的过程，并不是出现了新的教学技术就可以全盘替代旧的教学技术。而"互联网＋教育"的发展，不仅使得新的教学技术不断出现，可选择的教育方法更多，而且教育体系内容丰富，学生与教师的选择更加多样化。

(三) 教学实践变革

教育变革的推动是一个缓慢复杂的过程，其中教学实践变革是关键环节。随着互联网时代的发展，互联网技术在学校教育中的应用程度也越来越高、越来越深入，新型师生关系、新型课社（课程和社会）关系在互联网技术介入下，在被不断的推动，也产生了一定的改变。在这个过程中，学生对于个性化发展的要求以及家长对孩子教育的期待，成为重要推动力，推动新型社会关系形成，不断向前发展。所以说，信息技术对于教育的推动，不仅是在课堂之上，而且对于学生来说，无论是在家里，在学校，还是在社会上，信息技术造成的影响是无处不在的，这种推进贯穿于学习环境和服务育人全过程。

1. 微课课堂

最近，关于微课程的讨论十分激烈，似乎微课就是高校英语教育的发展新趋势。微课课堂每一次的定义、构成、设计、发展和评价的讨论，都会引起广泛的社会关注。大家对于微课，似乎有说不完的观点和表达不完的想法。从逻辑上讲，这种关注应该导致应用实践的表现更加良好突出。但我们面临着一个非常严重的问题：微课虽然在研究者的口中已经是一个耳熟能详的热门议题，但是到了基层教师那里，他们仍然不知道微课到底是什么、如何使用、是否与课堂教学有关。甚至一些教师对微课感到困惑，在使用上并不情愿。如果不能把微课实施到一线的教育上，那么现如今花费大量人力、物力和财力在微课的研究上，就是最大的浪费。这不仅直接打击了高校、企业和社会力量对于微课研究的支持热情，还会让微课的研究走下坡路，走上传统教学理论的老路，这是我们不希望看到的。因此，我们有必要和义务对微观课程进行深入和实际地研究，使其能够更好地贴合一线教育。

当前，国内外对于微课的定义主要从"学术"视角来说明的。人们对微课的认识分为"微课是课程""微课是视频课程""微课是课""微课是微视频"四种。任何学习活动都是发生在一定的情境中，脱离了情境的教学都是苍白无力的。我国学者将学习情况分为了课堂听讲、个人自学、研讨性学习、边做边学和基于工作的学习五种，这五种学习情况包含了相应的学习活动、学习地点、学习时间和学习伙伴。通过研究，将个人自学、研讨性学习、边做边学和基于工作的学习定义为非课堂听讲情景，所以按照这个逻辑，学习情景就可以分为课堂听讲情景和非课堂听讲情景两类。关于微课的应用情景，基于应用的视角，作者认为应先定义微课的应用情景，即学习者的学习情景，然后再对微课进行界定。实际上，微课与其应用性的学习场景有很大的关系，因为微课的本质还是一种教学方法，只有在教学实践当中才能体现其意义。在课堂听讲情景的时候，教师和学生在同一时空中，教师的教与学生的学正在同时进行，这个时候就存在一个问题，即如何将微课嵌入课堂教学的教学目标、教学过程中；当微课在应用于非课堂情景聆听中时，因为此时的学生处于自主学习的状态，微课成为一个自足体系，在微课当中的资源越多，就越有助于学生的学习。

现如今，各个流派对于微课的定义有很大的分歧，根本原因还是在人们对于微课有着固化的情境假设，认为在某种情景下的微课才是真正的微课。实际上，在课堂听讲情景中的微课更偏向于微视频，通过视频的播放来帮助学生学习，也帮助教师引导学生思考；在非课堂听讲情景中，微课则是指微课程，学生们依靠微课程，实现自主学习，在非课堂听讲情景中，微课资源是否能够形成体系是十分重要的，微课程的资源越是丰富完备，就会在教与学分离情况下，越促进学生内化和应用知识的能力。

2. 双主课堂

在"互联网+"的背景下，高校英语教学正开始发生全方位的转变，不仅是教学方法变多、教学模式更为人性化，还体现在教学观念的不断更新上。《教育信息化"十三五"规划》中指出，当前云计算、大数据、物联网、移动计算等新技术逐步广泛应用，经济社会各行业信息化步伐不断加快，社会整体信息化程度不断加深，信息技术对教育的革命性影响日趋明显。

双主课堂的核心就是强调两个主体，在教学过程当中，教师和学生都应该成为教学的主体，双主课堂的内涵即"主导—主体"相结合。进入21世纪以来，双主课堂在英语教学中被普遍认可，人们不断丰富双主课堂的基础理论知识，不断实践双主课堂的教学模式。现如今已经有大量的高校和教师在逐渐接受双主课堂，国家对于双主课堂也是大力支持，把其列为"十大信息技术支持的创新教学模式"，在信息化时代发展越来越迅速的今天，双主课堂的运用趋势已定。从国际和国内的经验来看，创新的教学模式总是带来新的教学理念，而在使用教学理念解决实践问题并总结出经验之后，就会形成固定的教学流程。双主课堂可以提高学生学习热情，培养学生自主学习能力，让学生意识到自己是课堂的主人，通过这些学习习惯的培养，提高学生创新意识、创新思维和创新能力；双主课堂还强调教师在课堂上的作用，即引导者的位置，在学生学习的过程当中，教师要充分引导学生，组织把控整个学习过程，为学生打好学习基础，使学生在进行自主学习的时候能够有理论作为依据，开展更深层次的学习。例如，在英语课堂教学中，信息通信技术的运用方式是多样的，ICT 可以作为教师教学的工具、学生认知的工具以及环境构建的工具；同时 ICT 也为语言教学质量和效果的提高提供了新的契机。ICT 可以使学习者通过有意义的方式获得在真实情境下使用语言的机会，可以更好地支持课堂教学中同伴间的合作学习，可以让教师更有效地指导学生。

3. 自带设备课堂

自带设备（Bring Your Own Device，简称 BYOD）是一个新兴的概念。美国等发达国家的高校在大一新生入学时，会给每个学生一台笔记本电脑，后来这种方式在国内也慢慢被推行。BYOD 刚开始被引入国内时发展并不理想，最重要的一个原因就是当时社会发展程度不够，计算机的数量和学生人数不能达到一个平衡状态，计算机数量太过稀少，制约了学生对于信息技术的学习。高等教育中数字化学习的发展将有助于增加教学的灵活性，给不同学习环境中的学习者调整其学习兴趣、学习需求和学习风格提供机会。但同时班级容量大、带宽有限、时间以及资金有限都会阻碍信息技术与高校课堂教学的整合。上述问题已经成为当前高校 ICT 与学科教学融合的棘手问题。然而，随着 1∶1 学习理念的普及和 IT 硬件产品性价比的优化，拥有笔记本电脑的大学生在学校中的比例逐渐增多。如果让学生把自己的笔记本电脑带入课堂，不但可以让没有笔记本电脑的同学共同使用，而且还可以在一定程度上解决由于班容量过大等因素引起的"融合鸿沟"的问题，这样就可以初步缓解学校由于生机比（学生使用计算机台数/学生总人数）过小而引起的公用计算机不足的结构性矛盾，找到一条能够利用现有条件改变学习模式的新途径。

二、"互联网+"时代高校英语教学面临的机遇与挑战

（一）对教学的挑战

1. 对教学方式的挑战

在现如今的社会，信息发展迅速，人们之间的交流变得更加便捷，信息的传递也变得更加方便。"互联网+"环境使得学生的学习方式有了极大的变化，在从前的学习模式当中，课堂学习是最主要的学习方式，学生必须在固定的时间聚集在一个固定的地点进行学习。但是现在随着信息技术的发展，教学模式也有了很大变化，学生可以随时随地通过多种途径来获取知识，教师与学生都应该适应这样的发展，及时转变思维。网络技术的应用，使教育活动逐步向开放性、高效性

和实时监测反馈方向发展。过去,在大学英语教学开展过程中,学生主要以教材为载体,学习内容基本上都来自教材,难以通过第三方渠道扩展知识,而受教育的方式也只有教师授课。

"互联网+"教育环境下需要什么样的教材,也是大学英语教学面临的一大挑战。在大学英语教学开始时,许多教师利用多媒体制作了一系列的微课软件,将学习的重点、难点都提炼出来,展示在微课上,使学生能够更好地了解知识点,提高他们的学习效率。这种教学方法的应用意味着学生成为教学的主体,他们的学习需要自主把控,教师在微课课堂上成为教学活动的组织者,这意味着他们对教学方法和教学过程的需求增加。

2. 对教学理念的挑战

在过去的高校英语教学中,教师是教学过程中的主要人物,教师负责地将知识传授给学生,学生只是被动地获取知识。然而,在"互联网+"的大环境下,对人才的需求也和原来社会的要求不一样了,需要的不仅仅是有知识储备的学习者,更多地需要具有创新能力的思考者。在目前高校的英语课堂上,教师应采用探究式学习和小组合作的方法,进一步提升大学生的自学能力,确保高校培养的人才能更好地满足社会的需求。大学英语课堂教学不仅要改变以往教师教、学生学这样单方面的知识传授模式,还要倡导大学生通过互联网进行自主学习,在遇到难题的时候,也要尽可能地自己找寻答案,实在解答不出来的问题,教师再给予一定的帮助。信息技术在大学英语教学中的应用,有助于提高学生的整合能力和大学英语教学的有效性。此外,通过互联网平台,学生可以高效、轻松地获取他们需要的知识,不再受时间和空间的限制,也能更好提高学习积极性。

(二)与传统课堂的碰撞与对接

1. 与传统课堂的碰撞

互联网时代下的大学英语课堂与传统课堂的碰撞主要体现在教育理念上的不同,下面就对这两点做具体论述。

我们都知道,在互联网时代,传统的教学模式不再适合如今的教学发展,现如今的教学更需要注重的是对学生自主学习能力与创新能力的培养。然而,面对毕业和就业的压力,目前大学英语教学仍然注重学生的书面成绩。大学英语教学要求学生培养学习习惯和学习思维,学会自我反思和总结。学生必须在老师的指导下,经历基本知识和学习规律的探索过程,并在探索中养成良好的学习习惯。但事实是,在大学英语教学中,许多老师的精力主要集中在课堂教学上,他们很少考虑每个学生的接受能力和兴趣,这剥夺了学生作为主人的地位。换句话说,在今天的大学英语教学中,许多教师的教学思维没有根本的改变,仍然被困在"应试教育"的枷锁当中。

许多家长对于孩子学习情况的评价,只看最后的成绩,却忽视了学生的综合素质;教师不考虑社会需求的变化和学生的终身发展,一味追求成绩,导致课堂教学,特别是知识的传授都变成机械化教学,对于知识点只知道一味地重复,在这样的教学模式当中,学生容易失去探索能力和解决问题的能力。任何形式的教学,包括互联网时代新型的大学英语教学,都很难完成对于新时代人才的培养,课程要求也很难满足这个最终目标。

许多高校英语教师的教学理念和教学方法存在一些问题,除了会影响学生的全面发展之外,对他们自身专业的发展也很不利,教师只有不断更新自己的教学模式,才能不被时代淘汰,培养出社会需要的人才。

2. 与传统课堂的对接

上面虽然说了很多传统教学模式的弊端,但目的不是要高校英语教师在教学的时候完全抛弃传统的教学方法,而是应该将传统教学方法与互联网时代的新型教学方法相结合,打造出最适合学生的教育模式。在这个过程当中,要注意以下四点:

第一,学校作息时间安排问题。传统的大学英语教学安排占用了学生大量的时间,无论学生是否适应学校的课程安排,都必须按照学校设计课程的要求进行学习。在互联网时代,教师不会占用学生的课外时间,这样学生就可以开展他们的自主学习,通过不断观看知识内容,达到学习的目的。

第二,学科适应性问题。目前,国外很多信息技术和英语教学的实践都是针对理科的,因为理科知识有明确的知识点、概念等方面,老师只需要摆出公式,就可以举一反三,只要给出解题模型,自然而然地就会解决这一类的难题。然而,对于文科来说,其教学内容是相对广泛的,涉及的知识点庞大且繁杂,知识的传授需要教师与学生之间进行思想、情感的交流,如果通过信息技术来简单化教学,可能无法达到教学要求。这就要求教师要不断提高视频教学的质量,视频教学要求对理论进行相关的描述,然后教师给学生提出任务,让学生查阅相关资料文献,学生经过主动思考,然后和老师讨论,或者和其他学生在课堂上讨论,直到问题被解答。因此,对于不同的学科,教师需要使用具体的策略来实现信息技术与大学英语教学的完美结合,并从学生的反馈当中,进行适当的教学改革,以达到最佳的教学状态。

第三，教学过程中信息技术的支持。在互联网时代进行大学英语教学需要信息技术的支持，在整个教学视频的制作当中，都需要信息技术的参与。但是现如今，一些高校因为宽带网速、信息化设施老旧等硬件设施问题，导致信息化教学受到了阻碍，这就要求高校加大对于这些硬件设施的投入，支持高校英语信息化发展。同样，在制作教学视频的质量上，可能涉及拍照、编辑等一系列技术问题，因此需要一些专业人员的支持，当然不同的科目有不同的风格，教师需要根据自己的学科特点来确定。

第四，对教师专业能力的挑战。在互联网时代下的大学英语教学的实施过程中，教师几乎是唯一的完成人，这些都非常考验教师的综合水平能力，所以对于教师的培训是十分有必要的，培训能够对教师的教学能力有很大的提升。教师要在提高专业理论水平的基础上，不断提升自己的研究能力，注意学生的个人差异，并提供个人指导。与此同时，教师的技术素质需要培训和提升，来保证熟练制作生动丰富的视频资源。

（三）应用型人才培养的呼唤

近年来，国家号召地方高校应该向应用型高校转型，目的是培养出一大批应用型人才，这与应用型人才培养理念相适应，可以使学生努力实现自己在社会发展中的价值。培养应用型人才需要所有高校参与，如果不这样做的话，就很难接近教育改革的核心，很难真正实现优质的教育。也就是说，改革必须先行。

高等教育应该跟着社会发展的需求制定教学目标，社会需要什么样的人才，是高校培养人才的指南针。为了实现人才培养与社会的对接，按照社会的需求，培养应用型人才是当前很多高校的必然选择。这样的转变虽然是高校面对社会发展、面对市场方式转变、面对严峻的就业形势不得不做出的选择，但是其不仅有助于社会的转型与发展，还有助于实现人才的多样化发展。

1. 目标定位

应用型人才一般应是有以下三个关键特征：第一，具有人才的特征，即他们的素质较高、能力出众，具备一定的专门知识和技能，能够进行创造性的活动，为社会做出一定的贡献。第二，具有应用型的特征，这一特征与学术型人才与技能型人才相对应，应用型人才主要面向的是基层，不仅具有扎实的基础与素养，还具有应用型的思维，具有较强的动手能力，善于运用自身掌握的知识，将理论知识付诸实践。第三，具有创新性特征，这一特征要求人才在富有变化的时代中紧随时代的步伐，必须开阔自己的视野，具有逆向思维与发散性思维，能够将自己的想法付诸实践。

基于此，在应用型人才培养目标的定位上，知识结构应以"厚基础、宽口径、重应用、强创新"作为培养人才的基本原则，强调学习的目的就在于会应用，突出新技术、新理论等在行业中的灵活运用。能力结构侧重指挥、组织等应用能力的训练与培养，凸显创新精神与创新意识等。人格结构强调要具有强烈的探究欲望，具备高度的团队合作意识等。

为了更好地培养应用型人才，教师不仅要对当前社会经济发展的需求有清晰的认识，还要对未来的发展走向予以明确，为学生拓展就业之路、创业之路，为他们未来的职业规划考虑。

面对当前国家经济转型与接轨的需求与特征，教师应以能力本位的学习作为着眼点，积极探索培养全新的应用型人才，对学习方式、学习内容等进行改良，努力将学生的学习兴趣激发出来，帮助学生掌握扎实的理论知识，使他们具备较高的应用能力与专业素养，能够采用科学的思维方式进行学习与管理，让他们在开放的环境下有自己的坚守，不盲从，能够抒发自己的创新见解，在竞争中求得生存与发展。

面对未来的不确定性，教师也在不断地进行思考。随着信息技术的发展，如何为学生规划更好的未来呢？当前，人与人之间的竞争越来越激烈，一些岗位可能会消失，那么什么样的人不会被社会淘汰呢？教师在大学阶段需要教授给学生什么呢？这些问题都是教师需要思考的问题，教师应该研究学生的适应能力以及他们的核心素养，不断培养他们分析问题的能力，让他们在浩瀚的知识海洋中学会学习、主动学习，学会终身学习，教师要教会他们面对复杂的环境应该做何选择，应该如何把握时机，从而使自己更好地融入社会，超越自己。

2. 对课堂教学的要求

为了能够培养出高素质的应用型人才，为了能够让学生将知识转化成现实生产力，课程体系也在一些教师的努力下改进了许多，自主学习能力、创新能力都成为新课程体系的培养目标。课堂作为学生学会知识的主要渠道，是体现学校办学理念、实现人才培养目标的主要阵地，是不断创新与改革的据点，理应向应用型人才的培养方向转变，快速做出反应。具体来说，需要从以下三个层面着眼：

第一，从教学内容上说，不过多地追求逻辑是否严密、定义是否准确，不侧重对知识的发现与整理、理论的争鸣与演变，不局限在教室与教材上，而是要与学生的生活与专业贴近，抓住该领域知识的前沿，对成熟理论要点有清楚的认识与应用。

第二，从教学方法与手段上说，要求实行生成性的教学观，让学生运用感官与实践，对自己学习中的问题进行自主解决，对于知识要注意内化，把新知识与自己的实际经验结合，将知识真的理解应用。课堂教学的最终目的是让学生灵活运用所学知识，在对知识的学习当中掌握创新方法。因此，教师在教学的过程当中要运用多种方法，不断吸引学生学习，增加其学习兴趣。运用多种方法教学，可以让学生思维更加开阔，创新能力提高。借助现代技术，使用探索性教学、启发性教学等方法，让学生多元化发展。

第三，从时空维度上说，教师要让学生跟随专业的最新动态，获得更多、更真实的参与操练的机会，帮助学生实现自主学习、研究学习。

三、"互联网+"时代高校英语教学模式的转变

（一）激发学生的问题意识

人从小就具有了求知欲和好奇心，这是人能够自由、理性的基础，表现在学习态度与兴趣上，就是人能够积极地去探索与解决问题，不断创新、不断超越。学生学会学习的一条最佳路径就是逐渐学会启发式的学习，即教师引导学生发现问题，并让学生找到合适的方式解决问题。师生之间的交流，可以促使学生能够自主学习，自主完成探索性学习，使学习活动向思维活动转变，这样才能让学生具备多元思维。

在"互联网+"背景下的大学英语教学中，要强调问题引领的作用，即教师不仅要以问题作为起点，也要以问题解决作为主要的活动过程，从而将学生对问题的敏感性激发出来。同时，教师在探讨的时候要联系实际，联系学生身边发生的、感兴趣的事情，对这一领域的学术前沿问题进行跟踪和了解，将学生潜在的能力挖掘出来，培养学生的研究精神与素质，形成面对困难的积极潜质与解决问题的能力，并塑造自己的人格与工作特质。此外，讨论的学习氛围一定要是自由的、畅所欲言的，师生之间围绕提出的问题，通过交流与对话形式解决问题，并进行分析与评价，帮助学生形成问题意识与问题解决能力，推动他们判断真假、独立思考的能力等。

（二）转变学生学习的方式

学习方式是学生在展开学习任务时自主、探究的基本认知取向与行为特征，其主要包含发现学习、接受学习、合作学习等。在新时代背景下，高校选择的教

学方法一般是多种多样的，具有针对性与灵活性，这样也就推动了学生学习方式的转变，要求教学应该从学生的学习能力出发，符合学生的学习要求，这样才能培养出符合社会发展需要的应用型人才。具体来说，主要可以分为以下四种学习方式：

第一，倡导自主探究式学习，让学生自定节奏，具体来说就是让学生充分发挥自身的主观能动性，在自主学习的状态当中，对于知识的钻研抱着探究式的学习态度。在传统的学习当中，学生主要是靠背书、听课来学习知识，而自主探究式学习则要求教师教会学生如何去学习，真正做学习的主人。

第二，推动学生走向团队合作式学习，单打独斗的学习显然效果会很差，学生只有学会与其他同学合作、与教师合作，才能真正地弄懂知识、掌握技能。

第三，实施应用情境式教学，即关注学生在特定情境中的认知体验，通过新兴技术，为学生创设真实的场景，让学生主动参与其中，增强他们的认知能力。

第四，关注学生的在线学习与移动学习。因为时代的发展，信息技术也在飞速发展，大部分的教学资源都可以在网络上获取，这让我们足不出户就能够开始学习，不再受限于时空，获得教师或者其他同学甚至一些专家、学者的帮助，从而在课外不断提升自身的语言能力。

（三）促进学生的深度学习

深度学习强调的是学生对于知识的深度探索，对未了解透彻的知识，能够具有刨根问底的精神。学生要带着批判性的思维学习新知识，对于新知识的吸收一定要基于理解的基础上，还要多与之前掌握的知识联系，构建自己的知识体系，并且能够灵活运用，利用自己的知识去解决问题。采用深度学习策略的学生更善于整合知识、迁移知识，这样才能取得好的成绩。

当前，高校应该努力为学生创设深度学习情境下的课堂环境，学生在课堂上能够加深知识的学习，在课堂上与教师互动，通过不断地思考、探索、讨论，把知识摸透。为此，教师要创设真实的、批判性的课堂环境，还需要围绕问题的解决探究深度学习的情境机制，让学生逐渐实现知识的吸收与内化，从而有效培养他们的理性思维与创新思维。

（四）强调学生学习的责任

在现如今的社会，需要的是高素质应用型人才，这就对于学生的学习提出了更高的要求，要求学生能够自主掌握学习，能够对自己的学习负责，主观能动地渴望知识，能够了解自己需要加强哪个部分的学习，主动成为知识的发现者与探索者，推动着教学从"教"逐渐转向"学"，让课堂上不再仅仅强调以教师的教授为主，还强调以学生的学习为主，实现师生之间的协同教与学。

在"互联网+"背景下的大学英语教学中，不仅要将学生的积极性与主动性激发出来，还需要引导学生将精力、时间等投入学习之中，帮助学生减少学习的盲目性与随意性，逐渐建构自主式、探究式的学习。同时，还要给予学生应有的权利，赋予他们自主学习的权利，自主选择学习内容与策略，让他们不断发挥自己的主观能动性，发挥自己的学习优势。

（五）培养学生的核心素养

人应该必备的能力与品质就在于核心素养。核心素养的提出主要包含三个层面：

第一，对于未来对人才的需求是不好预测的，也就没有办法完全对应其需求来培养学生的品格与能力。个人在受教育阶段唯一能够选择的就是对自己的必备品格与关键能力进行发展。

第二，知识是以几何级数增长的，能力以几何级数进行分化，学校教育无法对知识和能力进行穷尽。

第三，社会是一个复杂的系统，学生在学校当中接受的教育并不能让他们在之后进入社会时解决一切问题。

进入21世纪，欧盟国家为了应对经济全球化，在教育领域提出了"核心素养"这一概念，这个概念的主要内容就是强调学生的创新能力十分有必要，这一概念的提出是为了对传统的阅读、计算等为核心的概念进行改变，从而提升学生的综合应用能力。

2014年3月，教育部发布了《关于全面深化课程改革，落实立德树人根本任务的意见》，要求英语教学将社会主义核心价值观的内容引入教材与课堂，努力使学生了解中华文化，明确提出了"核心素养"的概念。在语言教学中，核心素养主要包含以下四点内容：

1. 语言能力

语言能力是指基于社会情境，通过语言来进行理解与表达的能力。从英语技能教学来说，语言能力是学生应该具备的基本能力，也是学生核心素养的体现。从语言学科来说，听、说、读、写、译这五项能力是最基本的语言能力，对这些能力进行掌握才能更好地学好语言。同时，新时代条件下学生需要面临各种数据、图表等，因此他们还需要掌握好"看"的技能，这样才能对第一手资料有清晰地把握。

2. 文化品格

文化品格不仅指的是了解一种情感态度、文化现象，还指了解语篇反映的社会文化现象，通过进行归纳来构建自己的文化立场与文化态度。

语言教学的核心素养更加注重从多元文化层面来思考，通过比较、了解中西方文化的差异，学生才能更加自信与自强，从而理解西方文化，并将中华文化更好地传播出去。

3. 思维品质

在这里，思维品质与一般的语言能力、思维能力并不同，指的是与英语技能学习相关的一些思维品质。在核心素养中，这一品质与学生更为贴近，学生思维品质的提升与优化也是"立德树人"的彰显与表现，与大学英语教学改革的目标相符合。

4. 学习能力

学习能力的解释是在学习过程当中对知识掌握的效率，这当中除了包括学习的方法和策略之外，还有学习的态度与认知。学生要主动拓宽语言技能学习的渠道，拥有更多知识资源；积极运用所学策略，了解更多关于学习的方法；提升自身的语言学习效率，专心于学习本身。除此之外，学生应该把自己的学习关注点扩展到课外，因为课堂上的情境教学虽然很真实，但是教学的目的最终回归的都是生活本身，将学习扩展到课外，可以扩大学生知识面。

总之，学生的学习需要多种素养的发展，但是在现如今的社会，多种素养并不能全部发展，因为如果全部发展的话，学生投入的精力是十分巨大的，这是很难完成的，所以，学生应该有侧重点地发展一些社会需要的素养。其中，创新能力、合作能力、信息素养等是优先的素养，这些应该排在最前列，因为这些素养是学生应对挑战、将祖国发扬光大的关键，这就是所谓的核心素养。其他的一些素养，如身体素质对于个人来说是非常重要的，但是由于太基础，所以可以将其视作基础素养。另外，传统的读、写、算也可以算作基础素养。

在全球化背景下，虽然各国对学生核心素养范畴的界定存在着某些共性。但是，由于受国情的影响，各国所面临的关键问题存在差异，因此在核心素养的内容与程度方面也会存在着某些不同。

（六）增强学生的学习体验

个体的发展具有特殊性，因此教师需要在尊重学生个体差异性的基础上，对学生的学习体验予以关注，努力为学生创造更多锻炼的机会，激发他们学习的内部驱动力，发挥他们对知识的探索精神。当前，很多高校的评价强调甄别与选拔，对评价的激励与促进功能予以忽视，往往对结果过分看重，对学习过程予以忽视，这样的评价就导致了个别优秀的学生得到了愉快的体验，但是那些成绩差的学生失去了学习的兴趣，很难培养出健康的情感体验。

大学英语教师在具体的教学过程中，应该多研究各种学生适合的教学方法，让学生成为学习主体，鼓励他们亲自去体验、去实践、去解决问题、去与社会实践之间建立联系。教师在教学的过程当中，应该致力于增强学生的学习体验，使用多种技巧和方法教学，提高学生的学习兴趣，点燃学生的学习热情。让学生做课堂的主人，充分参与到课堂当中，教师与学生能够有互动，学生之间也能够实现互动，只有这样，才能让他们在课堂上学到属于自己的知识，在思考、辨析、研究当中，发现属于课堂的魅力。

另外，教师还需要注重选择科学的评价方式，让学生能够更好地体会到成长的快乐，享受学习的快乐，帮助学生正确地认识自己，激发他们学习的动力和积极性。

四、"互联网+"时代高校英语教学方法的改进

（一）互动型教学法

互动型教学法是一种全新的教学方式和策略，要应用互动型教学法进行英语课堂教学，教师不能仅仅是生硬地与学生交谈，而是要通过对学生心理特点、个性特征的把握，寻找能够调动学生兴趣的话题点，与学生进行正向互动，在培养学生兴趣的同时，拉进与学生间的距离。

1. 师生互动的内涵

在英语课堂中的师生间互动也有广义和狭义之分。从广义角度来看，互动指不同物质之间存在的普遍联系。从狭义角度来看，互动指在一定社会和时代背景下，人与人、人与社会、组织与组织等之间发生的不同形式、性质、程度的交互过程，互动既可以指人与人之间的相互影响，也可以指发生相互作用、产生相互影响的过程，还可以指在这个交互过程中所导致的行为和思想的改变。具体到英语教学的实践过程中，师生互动是指在以英语教学过程为中介的师生间的文化、情感、信息交换过程。在这个过程中，师生双方都在不断构建和完善自我。发展互动式教学，对英语课堂教学的改革具有重要的推动和促进作用。

2. 师生互动的外部表征

（1）善教与乐学。善教与乐学，既有对教师的要求，也有对学生的要求，教师要通过"善教"部分的设计，来达成学生"乐学"的目标。

教师的教学过程不仅是对教材知识的照本宣科，而且是通过自身理解，结合实践经验，对教学资源进行筛选、整理与加工后，帮助学生形成认知结构的过程。在这个过程中，教师不仅是教学内容的传递者，更是教学活动的设计者、学生心智的培养者。在教学实施过程中，教师的教学设计、教学实施都带有明显的智力活动元素，需要教师认真分析教学内容、学生学习情况，积极、热情地完成教学过程，尽量规避单调式教学。传统的英语课堂和教学方式始终把教师作为教学的中心，通过语言讲授来传递知识，教学目标是让学生把教材中的内容牢记心中，并在考试中取得好的分数。教学内容也更多偏向于对词汇、语法、文章的分析和背诵。在传统英语课堂中，大部分师生之间缺乏有效互动，教学过程并不是将英语作为一种可用于交际功能的语言，而是将其作为一项知识性学科内容。在这种教学方式下，经常会出现教师滔滔不绝、学生昏昏欲睡的情况，而且也很难让学生"张开口"，真正对英语学习产生兴趣。采用互动式教学，教师通过创新教学方法，以热情和语言氛围感染学生，让学生能够在课堂上体会到生动而富有想象力的语言魅力，从而不断构建个人的语言认知结构，充分调动学习激情。当然，教学过程并不是单向的知识传递，同时也是学生给予教师反馈，自主构建知识体系的过程，充分强调学生的主体地位，发挥学生主动性，才是现代英语课堂教学的重要追求。师生互动过程，不仅是对课堂教学效果的优化，也是对教学过程中主客体转变的引导、对传统教学模式的变革，更是对教师善教与学生乐学的紧密联结。

（2）指导与创新。教师作为教学活动的组织者、执行者、指导者，不仅要从教学内容方面做好规划设计，而且需要针对学生的个性特点、发展状况等，进行课堂引导和教学指引。在高校英语课堂上，教师教授的不仅是课本知识、英语语法，而且要包含学习方法、情绪引导。学生通过教学过程，不仅应构建其自身的知识体系，而且要从学习方法、学习态度、学习习惯等方面有所收获。学生以英语课堂为契机，发现研究课题、创新思维方式、探索英语学习奥秘，从而进入更高的学习境界。而要达到这一目标，教师除了要具备扎实深厚的理论功底和教学经验，还应该重视学生的个性特征和心理发展状况，因材施教、积极引导。教师在课堂上的鼓励与赞许，对学生而言胜过各种物质奖励。教师通过在课堂上的积极关注，让学生体会到关注感和重视感，学生的创造性将会被有效激发。另外，英语作为一门语言类学科，教师的关注与鼓励能够有效增强师生、生生之间的互动性，创造更多交流机会，让学生勇于开口、乐于开口，从而增加锻炼机会。教师也可以增加一些口语交流类活动，比如角色扮演、自由辩论等，让学生将关注点不再只放在语言逻辑与词汇选择方面，而是真正将英语作为语言来使用，从而让课堂变得生动而灵活，给予学生更多创新灵感。

（3）监控与自律。学生是课堂的主体，是教学过程的主要组成部分，在教学过程中充分尊重学生主体地位、在课堂上给予学生主动权，这些不仅是现代教育教学的要求，还是教学功能有效实现的重要渠道。但尊重学生主体地位，发挥学生主动性，并不意味着教师的作用就可以被忽略，与之相反，教师的作用更加重要和关键。首先，学生虽然是课堂主体，但毕竟知识经验相对欠缺，是新知识的接受者，需要教师的正向引导和知识传递，教师在这个过程既要强调知识内容的重要性，又要强调学习方法的必要性。同时教师还要发挥监控作用，及时规范学生的学习过程，解答学生疑惑，帮助学生通过自主学习获取有效知识；其次，学习过程是构建自我认知的过程，对于学习兴趣不足或学习习惯不好的学生，学习过程并不是完全愉悦的，这就需要教师在旁进行鼓励和监督，帮助学生养成自律习惯，构建和谐的课堂氛围和有效的学习环境；另外，在这个过程中，教师应注意方式方法，避免挫伤学生的自尊心，慎用惩罚和训诫的手段，多用赞扬、鼓励、提示等积极方法，帮助学生形成完善、成熟的价值观、人生观与世界观。

3. 互动教学法的优势

互动教学法相较其他教学方式有两个明显优势。

（1）能有效激发学生对学习的内在动机。内在动机是推动学生完成自我改变的重要因素，激发学生对英语学习的内在动机，就是要让学生认识到，学习英语的目的并不单单是想要获得高分数、物质奖励或外人赞许，而是发自内心地热爱学习、享受英语学习的过程。在互动教学的课堂上，教师通过与学生的沟通，让学生在不知不觉间沉浸到英语学习之中，学习英语不再是学习任务，而是表达自我、完成沟通的工具。学生在更加轻松、自主的氛围下，与教师建立更深的联结，同时将学习内化为自己主动参与的过程。

（2）能有效培养学生用英语进行交际的能力。英语作为一门语言学科，其教学目标就是提高学生的语言能力，让学生能够利用英语工具完成生活、学习、工作中面临的交际问题。高校开展英语教学，就是要培养学生使用英语与他人交流的能力。同时，随着互联网时代世界联系越发紧密，英语作为世界流通范围最广的通用语，已经成为很多行业必须使用和熟练掌握的工作语言。学生要想在毕业后获得更好的发展，提高英语交际能力也是极为重要的。互动教学法能够让学生在课堂上练习英语交流与人际沟通的技巧，为语言能力的发展与交际能力的构建奠定基础。

（二）实践性教学法

中国与世界经济的接轨，不仅为我们带来了更加便捷的通信、交流方式，更加先进的理念、技术，而且也深刻地改变了我们生活与生产的方式。英语作为国际流通范围最广的语言，也逐渐渗透到我国内部各行各业的交流之中。英语也不再是少数人关注的内容，而是成为当今时代很多人进行生产工作所必需的语言工具，这一点在高校英语教学中得到凸显。英语教学的目标开始不再局限于专业交流与学术研究，而是向着日常交流、商务洽谈、工作指导等更加实用化、社会化的方向发展。因此，在高校英语课堂中，关注学生英语能力、英语思维的发展成为当下高校英语教师的工作重点，这也为各类实践活动的引入创造了条件。

1. 意义

（1）活跃课堂气氛，激发学生兴趣。新时代高校英语的教学不再仅仅关注学生的考试分数，还要培养学生对英语的应用能力和使用习惯。汉语与英语在表达方式、写作习惯、情感表现等多个方面都存在明显不同，这很容易让学生对英语产生抗拒感，而情绪上的抗拒会从很大程度上影响学生的学习态度。激发学生兴趣，就是要消除这种抗拒感，让学生正确认识英语与汉语的异同，从两者对比中建立新的知识体系。引入各类实践活动，能够让学生更清晰明了地观察英语作为一门语言的特性，从而引发思考，产生兴趣。另外，在课堂上引入实践活动，也能够有效活跃课堂氛围，减轻学生心理压力，将关注重心从个人情绪变化转移到英语的语言特色上来，提高学生学习效率，建立更有效的教学课堂。

（2）打破传统课堂局限，充分了解学生。在传统教学活动中，英语课堂都是教师讲解、学生听讲，氛围相对严肃，学生与教师的关系并不亲密。而学生学习结果的评价方式一般都选择考试形式，评价维度相对单一，这对学生兴趣和积极性的激发极为不利。在高校英语的课堂中引入实践活动，不仅是对课堂环境的优化和改善，而且能够拉近教师与学生间的关系，让教师真正了解学生的学习状况、所思所想。另外，有部分学生可能在考试方面存在困难，但语感与语言天赋并不差，传统的教学评价方式很难对其产生激励效果，从而影响学生对英语学习的观感。教师通过实践活动，发现学生能力，构建综合性评价方式，能够更有效地评价学生的英语学习效果，让更多学生感受到英语学习的魅力。英语作为一门语言学科、交流工具，传统课堂教学对英语功能性的弱化经常会对学生实际交流产生影响,这也是英语课堂经常被社会诟病的主要原因。引入实践活动,增加学生使用英语语言的机会,打破课堂与社会需求之间的界限,这不仅对学生具有重要意义,而且对当前高校的英语教学具有重要价值。

(3)营造英语氛围,加强英语应用。高校英语课堂上的实践活动,可以是对各类英语场景的模仿,也可以是单纯的英语作品分享、英语美文朗诵,重点在于营造英语氛围,让学生在使用英语的过程中逐渐发现英语魅力,从而喜欢并习惯英语应用,提高自身英语能力。英语氛围并不是简单在学生耳边播放英语内容,而是要将各类英语元素融入学生学习、生活的点滴之中,比如,教师可以让学生对日常生活中常见的商标进行分析,对其中的英语元素和背后含义进行讨论;对英语文章内某句谚语进行分析,让学生探究谚语来源等。这些简单的实践探索类活动,不仅能够活跃课堂氛围,引发学生探索兴趣,而且能够从不经意间为课堂构建英语氛围,让学生不仅能在课堂上学习英语,而且能在日常生活中应用英语。

2. 途径

(1)开发课堂资源,丰富学习内容。要想让实践教学活动更加贴合教学实际,有效引领课堂教学内容,高校英语教师需要积极开发课堂资源,从学生和教学两个方面不断丰富教学内容,创新教学活动。比如,简单的对话活动,教师也可以通过与学生实际生活的结合,加入《生活大爆炸》或漫威电影中的对话场景,以学生更感兴趣的方式进行设计,使其创设更具个性化和趣味性。再比如,开展英语角活动时,教师可以鼓励学生自由创编交流脚本,将生活趣事以英语形式进行分享,并将其与各类影视作品相结合,进行对比分析,提升趣味性等。

(2)鼓励学生参与,展开自主学习。新时代学生个性更加强烈,主体意识和独立性尤为凸显。教师在教学实践活动中,可以有意识地强调学生的主体作用,鼓励学生参与教学活动。比如,在不同教学阶段,选择部分教学内容由学生进行讲解,通过师生角色的对调,让学生从中感受学习乐趣、发现英语魅力。再比如,教师可以组织更注重学生参与的教学实践活动,影视节目分享和词汇游戏等都是不错的选择,让学生共同参与活动,在学习中游戏,在游戏中学习。

(3)多样英语活动,培养学习兴趣。教学实践活动不仅形式新颖,而且能够容纳更加多样的活动,能够有效培养学生对英语学习的兴趣。除了在课堂中开展的各项交流活动外,教师还可以根据学校的实际情况,组织更大范围内的实践活动。比如,教师与学生一起组织英文话剧社团,开展莎士比亚话剧分享、改编新话剧等。再比如,教师可以组织学生开展全年级或全校的英语节日活动,让学生通过对国外文化的还原与沉浸式分享,深入了解英语文化。但在这个过程中,教师也应注意对学生价值观的引导，帮助学生建立正确的文化观，理性对待中国与西方文化的异同。

3. 应用

实践性教学法主要分为四个部分：课前准备、课堂情境构建、知识归纳、语言运用。以下将对这四个方面展开具体论述：

第一，课前准备。教师需要通过备课过程，收集、整理和筛选出教学素材，包括语言类、场景类、应用类等方面的素材，并根据教学素材和教学内容设计与学生互动和课堂教学的任务过程。同时可以借助教学工具，比如多媒体设备，更好地营造教学环境。或者提前与学生进行沟通，由学生准备部分材料，师生共同完成课前准备。

第二，课堂情境构建。教师通过课前准备阶段，准备相关的教学素材，并利用教学素材和语言引导、肢体动作等构建有效的教学情境。可用于情境构建的素材有很多，比如图片、音乐、纪录片、电影等，但要注意的是，这些素材并不能取代教学内容，进行情境构建的目的在于与学生构建情感或认知联结，帮助教学活动更快速、高效地展开，而不能情境构建完毕就戛然而止。教师要将教学内容、教学过程与课堂情境有效结合，使情境的作用切实有效发挥，让学生更乐于接受教学内容。

第三，知识归纳。知识点讲解是对知识的深入分析，要想学生真正将课堂内容纳入自己的认知结构之中，知识归纳必不可少。教师需要引导学生对所学知识进行整理、归纳、总结和反思，比如，与已学过的知识建立联系、与课外知识建立联系、与语言运用情境建立联系等，通过知识归纳过程使本节课的知识切实进入学生脑中，成为其知识体系的一部分。

第四，语言运用。完成课堂知识传递后，教学过程并没有结束，语言只有能够熟练使用，才能发挥其作用，才能说明教学过程是有效的。教师可以通过增加沟通练习、采用外语授课、布置课后交流作业等方式，让学生增加练习机会，在语言运用的过程中温习课堂知识、深化对语言功能的认知。

第三节 "互联网+"时代高校英语教学的原则

一、主导式自主学习原则

所谓"主导式自主学习"，是指学生在教师指导下，以总体教学目标为学习导向，根据自身条件和知识基础，对某一阶段的具体学习内容和目标进行科学分析和系统计划的过程。"主导式自主学习"是对教师教学指导与干预和学生独立思考与自主学习的有效融合，通过教师和学生两方的共同努力，形成教学过程的良性循环。"主导式自主学习"中的"主导"指的是教师的指导与引领作用，教师通过创设教学情境、提供启发式讲解、引导学生思考、引领学生认知，帮助学生完成学习过程；"自主"指的是学生的主动学习、积极思考，对知识的主动构建。从认知的角度来分析，"主导式自主学习"并不是自由学习，而是在既定教学目标和教师的指导下，学生完成知识提取与构建的过程，这不仅需要教师对学生的积极关注，更需要学生对待学习过程的积极态度。"主导式自主学习"更加强调在教学目标下的学生主动参与学习过程的积极态度，锻炼的不仅是学生的学习能力，而且是自律、自我监控与评估的能力。尽管"主导"与"自主"的要求与视角各不相同，但在"主导式自主学习"中对学习过程、学习效果的强调是一致的，都是对学生学习能力和个人素养的提升，两者互为表里、相互促进，"主导"过程引导学生"自主"的形成，"自主"过程不断提高教师的"主导"效果。在实际的英语教学过程中，"主导性自主学习"作为课堂教学的有效补充和进一步延伸，能够有效提高教学质量，为学生综合素质的提高提供条件。

信息时代，互联网和计算机已经成为人们生产生活中必不可少的现代化工具，在教学领域也不例外。传统的以教师的课堂讲授为中心的教学模式已经越来越难以适应当前社会快速发展的要求，构建以学生为主体、教师为主导的教学课堂，提升英语课堂的综合素质培养元素和学生多方面能力，成为现代高校教学的重要发展方向。探索一般知识技能传递与学生综合素质和广泛能力培养相结合的新型教学方式，是当前时代对高校英语教学的最新要求。同时，信息时代带给英语教学的也并不仅仅是更高的要求，同时也有更加便捷的信息收集途径、更加丰富的教学素材、更加快速的传播渠道和更加灵活的信息展示方式，教师应积极利用现代化教学资源，借助计算机、多媒体、互联网等技术，将英语教学知识与图像、视频、音乐、影片等更能吸引学生兴趣的展示方式相结合，借助网络视频平台、线上交流网站等实现更加多样的知识传递过程。同时，现代信息技术的开放性、自主性，也与英语教学的特点相契合，学生通过网络技术可以利用更多渠道实现英语交流，获取更多网络资源与英语知识。在这样的时代背景下，学生的学习主体地位被进一步强化，课堂与网络的联结更加多样，"主导式自主学习"也更加契合当前时代下高校英语课堂的要求。教师通过明确学习任务、及时回应学生问题、提供有效监督与引导来实现主导过程；学生通过自我调控、积极参与、有效完成学习过程来完成自主过程；双方都以学习任务（教学目标）的完成为目的，都强调学生自主能力的培养，也都强调对英语知识、教学过程、认知结构的分析。同时，在互联网与信息技术的加成下，这一学习方法不再只是理论的选择，而成为可操作、可实现、可完成的重要学习工具，成为可以普遍推广、有效利用的教学方法。

二、双向性原则

交际过程并不是简单的语言沟通，其本质是文化的交流。但从目前我国高校的英语教学来看，重表象轻本质、重语言轻文化的现象极为普遍。这不仅会导致文化的失衡，而且也会对英语语言的教学产生不利影响。而导致这一现象的主要原因就是从学校、教师，到学生、社会，都对语言和文化之间的关系存在认知上的不足，表现在高校英语课堂之中教师忽视了文化对语言学习的重要意义。另外，还有部分高校认识到这一问题后走向了另一个极端：高度重视英语文化，忽视本土文化，使学生对自身归属问题产生怀疑，甚至影响到文化自信的确立，导致教学出现更加严重的问题。做好英语文化与中华文化的对比分析，将英语文化与英语教学过程相结合，同时在强调本土文化、民族文化、中华文化的基础上，加入对英语文化的学习，才是英语课堂英汉文化交融的正确方向。

中华文化与英语文化的产生环境、形成过程和传承历史各不相同，两者无论在内涵追求、历史渊源，还是在表现形象、表达方式上都存在差异。学生在学习英语文化的时候，不免会产生疑惑。教师在面对这样的教学问题时，既不能避开这些差异，也不能简单以文化是否先进、优秀来进行评价，而是要真正深入分析两者的异同、造成异同的原因，让学生在学习和思考中，对文化形成正确认知。语言不仅是知识和文化的载体，更是知识与文化的一部分，也是文明的表征方式。文化代表的是传承至今的社会生活经验，英语教师在进行文化教学时，需要指明语言与文化的关系，并强调文化的重要价值。同时，在教学过程中，教师还应将文化教学与学生实际相互联系，在西方文化与中华文化、本土民族文化的对比中激发学生探索兴趣、建立更科学的认知。

学生的学习过程是呈现出螺旋上升的层次性特征。从教育心理学的角度来分析，学生的学习过程就是新知识与原有经验进行联结的过程。知识与知识之间的联系需要学生自己寻找、构建，当知识间的联系不够明显、关系不够紧密时，学生的学习就会表现得困难，这也是单词记忆要比语法学习更困难的原因之一。但文化本身是相互联系、不断发展的，不仅具有内在逻辑性，而且能与学生已有的文化体验产生联系，因此，在英语教学的过程中，将文化的元素与课堂知识相联系，能够有效加深学生学习的关联度，提高对课堂知识的吸收效率。教师在进行文化教学时，也需要从学生的实际情况入手，合理选择教学素材，循序渐进地导入，避免造成学生吸收效果不良。

三、多元互动教学原则

多元互动就是指教学活动中多个主体间以各种形式进行思想、感情和知识信息等多方面的交流与互动。教学过程是教与学相互交互的过程，教学的效果并不取决于教学过程，而是双方互动所产生的深层次影响。多元互动教学就是对教学过程中互动关系的强调，在网络环境下，英语教学过程中的互动形式、互动频次、互动方法都与传统教学表现出明显的不同，开展多元互动，就是要从交流和互动的角度去接受新技术、新思想带来的改变。多元互动教学是以促进学生认知重组为目标，从更多方向、更多层次的角度开展的全方位交流，通过意义构建，使课堂上的教师与学生、多媒体技术与教材资源一起都构成巨大的知识网络。从互动教学的原理来讲，这一教学方法更贴合语言传播的本质，对英语教学具有重要的实践意义。

语言教学活动并不是简单地传递英语知识，同时也是对语言技能的锻炼，从教学目标来看，更加强调教学效果的实践意义。英语教学的内容传递，需要师生之间的交流与互动，多元互动教学是通过意义协商、理解、重复、确认核查等沟通过程在师生之间建立更深层次的沟通，不仅能够有效完成信息传递，同时也能够将教学活动引入下一个阶段：意义学习与技能锻炼。多元互动教学借助沟通过程，将英语的语言规则和功能效果展示给学生，使学生能够在实践中不断加深自己对语言体系的认知，从而提升英语运用能力。

在"互联网+"时代背景下，英语教学可以借助更具现代化意味的教学要素，不断优化课堂教学中各类资源的配置方式，从而提高教学效率、教学水平。互联网为教学环境提供了更加广阔的资源空间和互动范围，加强了学习与生活之间的联系。而互动教学则更加有效地完善了学习者的学习方式，为学生提供了更具特色的学习环境，帮助学生不断拓展认知图式，强调出交流这一语言最原本的功能，让学生快速、有效地培养学习兴趣、发展学习方法、增强学习信心。

四、多元评价原则

评价是教学活动的一部分，对提高教学效率、巩固教学效果、检验教学成果具有重要意义。开展多元评价是对影响教学活动的各种因素的分析与强调。从宏观角度来分析，影响英语教学的因素包括：社会对英语人才的需求、学校的英语教学环境、教师的专业能力与教学水平、教学目标与教学任务的界定、学生素质与基础条件等。对影响因素进行充分分析，开展多元评价，能够对教学过程进行更细致和精准的分析诊断、激励导向和反思改进，具有重要的现实意义。现代信息技术赋予高校英语教学课堂很多新的特点与现象，也对教学提出了更高要求，需要学校与教师积极整合内外部资源，优化系统配置，转变教学模式，构建现代化英语教学体系。而要想提升教学水平，必然离不开科学的评价体系与方法，教学改革也应建立在评价结果的基础之上，针对教学过程中的薄弱环节，提出改进意见、加强教学管理，全面提升教学成绩。

多元评价针对的就是教学主体的多元性、教学方式与内容的多元性、评价方法与评价主体的多元性，从多个维度制定评价标准，将教师的教学方法与教学手段、学生的学习动机与学习策略、学校的教学资源与教学支持以及国家与社会等方面的因素都纳入考量范围，更好地对其中是否能够优化的因素做出区分。同时充分利用评价作用，借助评价过程激励学生参与学习、促进教师提升教学能力，提醒学校改善教学条件，进而推动宏观教学环境的改善，转变社会固有印象。

多元评价一般采用形成性评价与终结性评价相结合、传统测评方式与网络测评方法相联系、教师和学生的自评与互评相结合的方式，收集更多教学过程的信息，做出全面而综合的评价。教学评价关注的不仅是教学效果与学生成绩，而且还要更关注教学过程、教学环节、学生的转变与发展。在"互联网+"的环境下，不仅学校课堂教学发生了改变，而且社会需求、外界环境、学生面临的现实问题也都发生了改变。多元评价正是从这样的时代环境出发，通过构建一个灵活、开放、多维的评价体系，让教师和学生都能够发现自身不足和对方的目标，加深两者间的交流。将多元互评与问卷调查、师生座谈等传统调查方法相结合，能够更有效地构建新时代和谐教学环境。

在"互联网+"环境下，多个原则形成一个统合的整体，互为条件、互为发展，共同组成了完善教学体系、提升教学质量的有机整体。具体来说，主导式自主学习强调了在英语教学活动中教师与学生各自扮演的角色，并对当前新型教学关系进行了分析；互动式教学则是对英语教学过程中师生间的沟通与交流展开论述；多元教学评价则是将观测视角切换到评价上来。三者都是从教师和学生的不同视角，立足"互联网+"的时代条件，对英语教学过程进行深入分析，旨在探索更具实践意义的教学方案。从三者的关系来看，多元教学评价是联结主导式自主学习与互动教学的有效媒介，而主导式自主学习则是另外两项教学活动实施的基础，互动教学则是开展多元评价与实施主导式自主学习的有效探索。三者相互结合共同构成了集引导、教学、监督、反馈与改进等于一体的现代化课堂英语教学体系。

第三章 "慕课"在高校英语教学中的应用

本章内容为"慕课"在高校英语教学中的应用，主要内容有三个部分，第一部分是慕课的兴起、发展及特征，第二部分是高校英语教学应用慕课的可行性分析，第三部分是基于慕课的高校英语教学实施。

第一节 慕课的兴起、发展及特征

一、慕课的兴起

慕课（Massive Open Online Courses，简称 MOOC），从词义来看是指大规模的在线开放课程。对慕课的各个元素进行分析，其内涵主要包含以下三个方面的内容：

首先，"大规模"是指参与慕课学习的人数较多，同一门课程、同一节课的注册学习者甚至能达到数十万人，而且这其中可能会包含各个年龄段、各个行业的学习者。在传统教学模式下，这么大规模的教学活动是从来没有发生过的，也是不可能完成的。另外，这个"大规模"可能还指教育者的规模，参与到课程录制的教师人数、教师群体一般也会远超传统教学模式。

其次，"开放"是指学习与教学方式是开放的，不加限制的。慕课是世界开放教育资源运动多年发展的结果与延续。在慕课模式下，只要学习者有学习的意愿，有基本的网络条件，都可以参加学习。慕课开放的不仅是知识资源，更是学习方式，它允许学习者采用任何形式、任何方法进行学习。

另外，"在线"是指慕课是通过网络进行传播和共享的，学习活动的进行必须具备基础的网络条件，这是信息时代对所有人的馈赠。

慕课的形成历史相对较短，但自其产生开始就在不断发展，现有的慕课资源正是这个发展过程的积淀。慕课最早应追溯到 1962 年，美国发明家和知识创新者道格拉斯·恩格尔巴特在一项研究计划中提出，计算机技术也可以作为教学手段改革当下"破碎的教育系统"。之后，在道格拉斯的发展下来到 2007 年，美国学者戴维·维利（David Wiley）基于 Wiki 技术开发了一门面向研究生开放的线上课程——"开放教育导论"（In-troduction to Open Education）。这一课程最突出的特点就是，接受了全世界学习者的材料与反馈内容，也就是全世界的学习者都能够参与到这门课的学习中来，并在学习的过程中通过提供教学材料、反馈意见，参与到课程的建设中来。这一课程的出现一方面为教师和学习者双方角色、态度的改变开创了条件，另一方面则为 Kiki 技术平台在教育领域的发展奠定了基础。接下来到了 2011 年，美国斯坦福大学教授塞巴斯蒂安·史朗（Sebastian Thrun）与彼得·诺维格（Peter Norvig）两人将为研究生开设的"人工智能导论"课程放在了互联网上，一下子吸引了来自超过 190 个国家和地区的 16 万人的关注，这其中更是有 2.3 万人完成了该门课程的学习。慕课的雏形基本形成。2012 年，谷歌 X 实验室的创始人之一史朗创立了 Udacity 慕课平台，之后，Coursera、edX 等平台也相继出现，慕课与平台都迅速发展起来。也因此，2012 年被《纽约时报》称为"慕课元年"。

二、慕课的发展

（一）国外慕课发展历程

美国在慕课的建设和发展过程中发挥了巨大的引领作用，同时也获取了丰厚的成果。在 2012 年至 2015 年慕课快速发展时期，美国的三大慕课平台 Coursera、Udacity、edX 获得了全世界的认可，三大平台各具特色，Coursera 与 Udacity 为营利性机构，edX 为非营利性组织。Coursera 的开设课程数量最多，达到 1504 门，合作高校达到 139 所；Udacity 的课程最少，仅有 121 门；edX 有 650 门。在学科方面，Coursera 涵盖范围最广，涉及艺术人文、社会科学、商务管理、生命科学、物理工程、数学与逻辑、计算机科学等；Udacity 则以计算机科学、数学与编程、综合科学等为主，且与企业关系紧密，会为公司提供相应的职业教育课程；edX 则以网页开发、数据科学、软件工程为主，面向全球免费开放。同时，美国有多个教学机构对慕课展开了相关研究。2012 年之后，比尔和梅琳达·盖茨基金会资助了 MITx 翻转课堂模式研究、慕课研究计划（MOOC Research Initiative，简称 MRI）、伊萨基战略与研究部的慕课研究等多个与慕课实践相关的研究项目，同时还对各高校的线上慕课平台建设的研究进行支持，比如，如何开发基础课程的慕课资源、如何扩大慕课课程的传播范围、怎样提高慕课的应用效率等。

(二)国内高等院校课程联盟

慕课快速发展，逐渐成为高校课程开展的重要方式。为引导高校教学的健康快速发展，主管部门组织引导各高校自愿结成课程联盟，以非营利、开放性为基础，通过建立网络混合教学模式，对优势课程资源进行整合、共享，推动全国高校教学资源的现代化转型。

1. 上海高校课程中心

上海高校课程中心于 2012 年 12 月建成，是由上海市教育委员会牵头组建的，是一个将上海各高校的课程、专业、师生资源全部进行整合的线上教学平台。上海高校课程中心的建设目的在于整合上海地区的高校教学资源，并通过共享机制将其中的优质资源分享给全市范围内的高校，实现全上海高校学生的跨校选课、课程学习等。仅 2012 年上海高校课程中心就已接纳了包括复旦大学、同济大学、上海交通大学等在内的 30 余所高校的加入，这些高校通过推荐，优选出一批具有学校特色或科研优势的课程，再对授课模式、教学过程进行筹备，完成后在平台推出，供学生选择学习。上海高校课程中心的教学形式主要包括在线进阶学习、小组讨论、直播互动等，参与该项目的 30 余所高校已经实现了学分互认，在建立的 2012 年就推出了 7 门通识课程，其中一门"哲学导论"参与选课的人数就超过了 1000 人。

2. 东西部高校课程共享联盟

东西部高校课程共享联盟是由重庆大学发起的，2013 年在重庆大学成立，主要包含了哈尔滨工业大学、中国人民大学、北京理工大学、北京航空航天大学、重庆大学、四川大学、兰州大学、上海交通大学、复旦大学等东西部数十所高校。东西部高校课程联盟希望通过线上教学、网络课程制作，推出一批优质的视频课程，构建出基于网络的全新教学模式，进而推动优质课程的市场化共享，实现教学资源在更大范围内的传播。东西部高校课程共享联盟能够有效解决不同地区、不同高校教学资源不平衡的问题，有助于实现跨学校人才培养的教育目标。

3. 华东师范大学慕课中心

华东师范大学慕课中心是我国第一个专门针对慕课进行研究的高校联合机构。2013 年 9 月，在北京大学、清华大学、华东师范大学与复旦大学等几所国内知名高校的牵头带领下，华东师范大学慕课中心成立。该项目主要以慕课资源开发与推广为中心，对高校基础教育资源进行整合。华东师范大学慕课中心凭借多所国内著名高校的学术优势，同时联合全国的高等师范类院校，对线上课程进行开发，开始推动高校教育资源的全社会共享。华东师范大学慕课研究中心的带头人陈玉琨教授，对慕课建设和项目发展做出积极贡献，在他的带领下，该项目联合国内二十多所中学，成立慕课 C20 联盟，针对教师教学开展深入研究，并取得非常瞩目的成果。

4. 学堂在线

学堂在线是清华大学基于 edX 开放源代码研发的、面向全球进行课程共享的慕课平台。学堂在线开发的 HTML5 视频播放器，使视频的国际化传播不再必须依赖 YouTube，同时建立系统测试框架，开发全文搜索功能，实现了平台国际化与中文本土化的结合。学堂在线在几年内完成了对北京大学、清华大学、麻省理工学院等多所全球著名高校线上课程的转码处理，实现了国内外高校优质教学资源的开放。同时清华大学基于学堂在线，开发出国内首个线上线下混合学习模式。学堂在线是我国真正基于计算机与互联网技术开发的、专为学习设计的线上平台，未来发展也将会继续沿着个性化服务、互动性系统、虚拟实验室、智能终端等方向继续前进。

5.ewant

ewant 是由海峡两岸五所交通大学（包括上海交通大学、西安交通大学、西南交通大学、北京交通大学及台湾交通大学）共同合作发起、以全球华人为主要服务对象的开放教育平台，为所有想要学习的华人提供免费的课程及学习资源。ewant 平台提供完整的在线教育模式，经过教学互动及学习评量等运作机制，最终可以提供课程修课通过证明；同时，它也将与企业界合作，通过 ewant 平台协助企业进行教育训练及征选所需人才。ewant 平台以社会企业的精神经营及推动，获得的所有盈余将全部再投入到对 ewant 平台及开放教育的推动中。

（三）慕课教学模式的类别

1. 基于内容的慕课教学模式

基于内容的慕课课程开发模式，顾名思义，强调的是教学内容，更加关注学生对教学内容的掌握情况。因此，这种教学模式往往会与教学评价相结合参与到教学实践中。当然作为慕课教学模式的一种，同样需要构建学习社区、号召更大范围的学生参与学习过程。从表现形式上看，这种慕课教学模式与网络化的课堂教学非常相似：各高校教师录制该专业的视频课程，并将视频课程和教学资料上传，同时设置相应的线上测试环节；学生可以自行注册免费账号，参与线上学习，在完成学习任务后，可缴纳一定费用，申请获得相应证书。这种慕课形式极大地促进了高校教学资源的有效共享，得到了诸多投资者的青睐。

2. 基于网络的慕课教学模式

基于网络的慕课教学模式，强调的不仅是网络环境，而且包括学生参与学习的自主性。在这种慕课教学模式下，学生能够根据自身情况决定参与课程的方式，甚至可以开拓自己的学习空间来分享学习经验、学习内容等。基于网络的慕课教学资源，虽然对网络环境有所要求，但却并不是对学生学习渠道的限制，而是希望对网络传播方式的强调，号召学生有效利用网络技术，实现教学资源的进一步传播，同时学生在利用网络技术传播教学信息的同时，也能够加深自己对所学内容的认识，与更多志同道合的学习者建立联系。这种慕课教学模式相对基于内容的教学模式要更加复杂，对网络技术的要求更高。

其中最显著的差异就在于，基于网络的慕课教学模式需要交互性技术的支持，即在教学过程中，并不是先由教师录制好教学视频，再由学生进行学习，而是通过直播的方式，由教师与学生借助网络技术构建一堂线上课程。在这个过程中，不仅要保证网络的稳定性，能够支持图像、语音和文件呈现的实时同步，而且需要互动技术的支持，保证师生互动与即时交流的完成。这种慕课教学模式除了需要网络开展外，与线下课堂教学比较相似，一般也以周为学习单位。这种慕课教学模式并不会导向明确的学习结果，一般也不会安排相应的考核与评价。

3. 基于任务的慕课教学模式

基于任务的慕课教学模式，强调的是学生对某项知识技能的掌握。它与单纯对内容的强调模式不同，更侧重于学生学习的阶段性与教学步骤的循序渐进，同时也不会对学生的学习成绩进行统一评价，而是鼓励学生自主展示自己的学习成果。这种慕课教学模式对学习社区的依赖性相对较强，需要靠学习社区来吸引学生、展示学生作品、传递学习信息。

统合以上三种慕课教学模式的特点可以发现，三者存在很多共同点：第一，慕课视频的时长一般都在 8~15 分钟；第二，学生参与慕课学习的自主性都较大；第三，慕课的传播、组织、评价、应用等都是在网络环境下进行的；第四，慕课的受众更加广泛，慕课课程的目标设计也更加多样；第五，慕课课程一般都包含视频、课程资源、学习评价、学习社区等组成部分；第六，慕课课程都具有开放性，且具备持续创新的特性。

三、慕课的特征

（一）慕课知识传播模式的特征

传播效果是慕课知识传播最终的要素，是学习者获得"有质量教育"的集中体现。传播效果是指教师作为主要传播主体，通过网络平台将知识内容传递给学习者，学习者作为传播客体接收信息后在情感、态度、知识、行为等方面发生的变化，最终使学习者的社会和心理需求获得满足。

1. 教师作为知识把关人

在编码阶段，教师基于自身对知识内容的掌握程度，结合已有教学经验，逐步分解、细化课程知识，形成知识链条，厘清课程知识点之间的关系和结构，划分知识单元，关注知识点之间的衔接，设置随堂测验和课程作业考核，撰写拍摄脚本，形成一个 5~15 分钟独立且有系统逻辑性的课程视频，供学习者学习。在编码过程中，教师依旧作为知识的把关人，筛选、组织、加工、深化知识内容，决定知识在传播过程中的呈现形式，对学习者学习产生引导性的影响。如果在编码过程中，教师过多地依据自身知识水平、教学能力、责任意识等偏好，对课程内容和组织形式进行编码，忽略或偏离了学习者的心理和社会需求，如测试题难度较大、课程视频中主讲教师只念 PPT 等，会影响学习者的学习体验和满意度，导致学习者"弃课"或低分评价课程。

教师将知识内容编码为有意义的课程内容后，将课程上传到网络平台供学习者选择和学习，教师同学习者一样，都是通过网络参与到慕课知识传播中，无法得知学习者在何种情境下开展学习以及学习过程中的表情如何等，只能通过课程内容、论坛、作业等形式与学习者进行间接性交流。一门课程的知识内容往往都是预先设定好的，很难根据学习者学习过程中的表现适时进行调整，因此在学习者学习的过程中，教师主要通过论坛讨论、作业反馈等形式引导学习者深入探究问题。

通过对中国大学 MOOC 平台中课程论坛和课程评价的关注，作者发现在课程论坛中主要是学习者和教师采取"一问一答"的形式进行沟通，往往也止步于一个问题一条回复，讨论链条较短。还有一些课程评价的相关描述也出现在课程讨论区中，但没有形成良好的在线讨论氛围。在课程评价板块中，大部分学习者反映：对于嵌入视频中的题目，教师并没有给出具体、详细的解答，不利于学习者对知识内容的消化。

总的来说，教师引导学习者进行学习的过程体现在慕课课程设计、组织、实施的各个方面，而学习者的大规模性、学习自主性，使得教师无法持续关注每一位学习者的学习情况和学习特征，无法了解具有多元身份属性的学习者的不同学习需求，即使学习者学习过程中的共性问题逐渐被发现并解决，但忽略了学习者的个性化差异和知识传播中的价值传播，数据反倒沦为教师自我偏见的帮凶，一定程度上扭曲了教师对学习者的真实了解，缺乏对学习者心理过程、真实行为和学习出发点的关注。

2. 学习者作为传播决定者

在解码阶段。慕课实现了"何人""何地""何时""何知识"的全自由，大规模的匿名学习者"潜伏"在网络平台中，根据自己兴趣爱好和现实需求选择合适的课程进行自定步调的学习。

在选择课程时，社会性软件中的推荐、平台的界面、课程名称、课程介绍、课程大纲、授课教师、课程评分、学时安排等，都会成为学习者考量的因素，决定知识传播过程是否继续进行，而清晰地介绍课程团队、预备知识、常见问题等相关内容，能为学习者选择课程提供更多的参考信息。然而，当学习者点击课程进行学习时，如果课程表现形式、作业内容等低于其原有内心期待，那么"弃课"现象也会发生。

在课程学习中，学习者的自我主导性发挥着重要的积极作用。学生需要自主把控学习时间和学习节奏，选择性地开展个体自主学习或群体协作学习。大部分慕课明确给出确定的授课进度、课程开放时长、详细的教学大纲、学时周数安排、作业任务截止日期等，学习者可以在课程开放期间根据个人生活节奏随意选择时间、地点进行学习，结合自身学习基础和对知识内容的掌握理解程度。通过观看、暂停、快进、倍速、回看、反复观看等多种方式控制学习节奏，通过百度搜索、加入论坛社区讨论等形式补充拓展学习，学习者之间可以自主形成小组，互相监督、提醒学习进度，商讨学习中的想法等。

学习者在学习过程中可根据需求选择是否进行考核，课程考核形式一般包括穿插在视频中的测试、单元任务、期末测验等，一般会有多次考核机会，学习者可以重复提交结果以达到自己期待的成绩。这种相对自由的学习，对学习者的自控力要求较高，没有直接的监督和严明的纪律，学习内容的难易程度、任务数量和难度、时间节点限制和自我时间的不确定性等因素，都会影响学习者持续学习。

学习者可以在课程学习中或是学习结束后再对课程进行评价，表达个人诉求和情感，一般包括对课程中具体对象的评价和无对象、无缘由的情绪化表达。主动参与课程评价的学习者不一定与教师有较多感情联结，往往会带有强烈的自我情感色彩，评价内容会出现夸张、极端化的表达，部分学习者不愿参与课程评价，或是表达模糊的、中立的观点，则会形成"沉默的螺旋"，导致课程评分无法为潜在学习者选择课程和教师调整课程提供真正有价值的参考，一些强烈的、没有明确指向的负面情绪会阻碍潜在学习者的选择，使教师面临开发慕课课程的巨大压力，产生自我怀疑并失去信心，甚至拒绝慕课教学。

（二）慕课在网络环境中体现的特征

慕课主要强调两个维度的特征：大规模性和社区联系性。

1. 大规模性

大规模性作为慕课最明显的特征，不仅体现在参与者的人数上，更体现在网络课程资源和支持机构等方面。

首先，在参与人数方面。仅慕课平台 Coursera 到 2018 年年底的注册人数就已经超过了 3500 万人，且仍在不断增加之中。具体到参与课程的学习者，MITx（edX 前身）开设的"电路与电子学"从 2012 年 5 月到 2012 年 8 月，共有 155 万人注册加入，最终有 7000 余人完成课程获得结业证书；斯坦福大学的"人工智能"课，共 16 万人注册，最终有 2.3 万人完成课程学习……这些数据都说明了慕课的规模之大，相对于传统教学方式，每次只面向几十人或一两百人进行的授课，慕课的受众与规模是曾经的教学工作者无法想象的。甚至有教师表示，一次慕课的观看人数就超过了二十余年课堂教学所接触过的总学生数。

其次，在网络课程资源方面。慕课的课程资源不是一次性的，只要制作出来就可以供学习者反复观看。而随着慕课平台的建设、慕课的发展，目前在慕课平台上几乎可以找到任意领域、各个学科的网络课程。到 2018 年 11 月，Coursera 上的课程就已经超过 2700 门，涉及 25 个学科，覆盖人文、经济、商业、金融、社会、教育以及信息技术等领域；可汗学院上传到 YouTube 上的视频课程也已超过 7000 个，内容主要与基础教育有关，包含数学、历史、物理、化学、医学、金融、计算机等诸多学科。各大平台的课程视频并不完全是以英语来授课的，而是包含中文、西班牙语、法语等在内的多语种授课。同时，各平台都有学员自发组成翻译组、字幕组，为更多学习者提供语言帮助。这在丰富学习内容的同时，无疑也增加了平台的黏度，提高了学习者的归属感。另外，作为线上教育平台，慕课平台会对学习者的学习过程进行记录，从中发现学习者的共性学习规律，为教学研究提供资料。而通过对某门课在平台上被点击和学习的数据的分析，也能帮助教师进一步总结教学经验，提高教学设计水平。

在参与人数与课程资源之外，慕课平台的合作伙伴规模和投资支持者也颇具规模。单说参与慕课平台的高校，在2018年就已经超过了一千家，且其中以常青藤名校、清华大学、北京大学、首尔国立大学、东京大学等全球名校为主，这些高校每年都会为慕课平台提供数量巨大的优质课程资源。同时随着慕课平台的进一步发展，参与慕课研究的高校数量仍在增加，甚至这已经成为教育行业的大势所趋。除了高校外，每一门课程背后都有一个学院的支持，每一个视频课程背后都有一支教师团队，在慕课平台海量的课程资源背后是规模庞大的制作团队和不可胜数的精力投入。慕课面对的受众不再是传统教学模式下的几十至一两百位学生，而是成百上千，甚至更多的学习者，因此，慕课的教学设计与视频制作、后期维护等工作都需要慎重且规范，这已经不再是一位教师单打独斗就能够完成的工作了。一门慕课课程的开设，从准备到制作，再到评估、投放的过程，需要完整的教学团队和专业的制作团队相互配合、协调分工、共同努力。比如，MITx的"电子与电路学"课程就是由21人的制作团队通力合作完成的，其中负责课程指导的就有17人。慕课的视频课程在制作之前，制作团队需要大量搜集、整理教学素材，从中挑选合适的内容，然后对教学活动、教学方法、教学节奏等进行设计，最后才能进行拍摄，在拍摄过程中还要有人对参与课程的学生学习过程进行监督，及时给予反馈。除了人力投入，要想保证一个慕课平台持续稳定运营，资金投入也是巨大的，比如，非营利的可汗学院每年就需要900万美元左右的资金来维持平台正常运行，这部分资金主要来自社会各界的捐赠；再比如，edX就是接受盖茨基金会的资助，并在该基金的赞助下开发面向全世界低收入家庭开放的"翻转课堂"。

2. 开放性

开放性是慕课自出现之初就一直强调并坚持的教学原则，同时也是教育公平的体现。我国自古就有"有教无类"的思想，各代教育家都曾提出影响全社会普及教育的资源的看法。慕课的开放性，正是将这一思想转变为现实。慕课的开放性主要表现在以下三个方面：

首先，在慕课教学资源共享方面。学习者要想参与慕课学习，从免费注册账号、选择学习课程、进行学习讨论以及参加线上线下的教学活动等，都可以自主完成，也就是慕课学习的全过程都是面向所有人开放的。同时，随着参与到慕课教学中的高校逐渐增多，各高校间开始承认其他学校的学习成果，这为跨学校、跨学科学习以及学分互认提供了条件。

其次，在慕课教学的机会共享方面。慕课为不同文化背景、不同生活条件、不同肤色、不同地区的人提供了相同接受教育的机会，同时学习者在任何时间、任何地点都能够登陆平台进行学习，这种面对所有学习者无差别的开放，正体现着慕课的开放性。尽管美国对慕课的研究起步较早，全球规模最大的几个慕课平台都属美国，但从当前慕课平台的注册数据来看，在巨大的学习者数量中美国注册者只占约三分之一，其他学习者来自全球 190 多个国家和地区。尽管没有人从人种角度对学习者的民族成分进行分析，但可以从年龄、性别、学历水平等方面对学习者的状态进行简单推断：性别方面，男性学习者数量相对更多，但两性并未表现出明显差异；年龄方面，20~30 岁的学习者占据注册人数的大多数；学历水平方面，本科和研究生在读学生群体数量最多，但也有少部分初中或高中水平的学习者。不同学习者在进行慕课学习时也表现出不同的动机和意愿，有的学习者主要是被兴趣吸引，或满足自己的好奇心；有的学习者更多是希望得到该专业的证书；有的学习者是为了在自己专业获得更深层次的发展……不同身份、背景、生活经历的学习者共同加入慕课学习中来，这使得很多慕课的学习讨论并不局限于课堂知识或课程本身，学习社区除了知识交流，更担负起了文化融合的重任。

最后，慕课的进入同样是开放的，准入门槛几乎没有。除了一部分需深入解读的课程需要一定专业理论知识做铺垫外，大多数课程初学者一进入便可以开始学习。同样的，它的教与学的过程以及这一过程中使用的资源和工具也具有极大的开放性。慕课的每一节课都会限定一个大致的时间范围，即一门课的开课时间是固定的几周或十几周，每一周课程组织者上传一节课的内容和作业，学习者可以在这一周内自主安排时间，随时开始学习。这种时间上的开放性极大地方便了学习者对自己学习时间的规划，而且，学习者的学习环境由学习者自己选择，这里的学习环境既指线上讨论小组或者交流平台的选择，又指现实中学习环境的选择。不同的学习者对同一材料的理解、关注点和疑问都会不同，讨论组的设立给学习者提供了交流答疑的平台。在平台中，所有参与者身份平等，提出问题和见解，互相交流讨论，即使是课程发起者也不会给定唯一答案或者固定答案，开放式的交流不会只限制在一个领域、一个角度。学习者可以通过讨论自主构建知识，也可以通过互动分享传播知识，使得知识更加延伸、开放。同时。在每个慕课讨论区或者讨论组都有已经完结课程的相关资源和学习者分享的学习笔记，新加入的学习者或者错过该课程的学员可以二次使用这些资源进行补充学习，充分提高了网络课程资源的利用率。

(三)慕课作为"线上课堂"的特征

尽管慕课与传统的课堂教学存在巨大差异,但从课程本身来看,依旧未脱离教学活动的范畴,仍是跟随课程的发展进行线性展示的,这一点与线下的传统课堂教学如出一辙。因此,慕课与传统的课堂教学存在着天然联系,慕课的结构与传统课堂基本一致,同样重视教学内容、教学方法、教学环境等因素,也经常作为课堂教学的补充出现在教学活动之中。但两者也存在一些显而易见的差异,慕课与传统课堂教学相比,最大的不同在于,它的传播依托的是互联网,而非传统课堂的语言传播。这一特性决定了其受众规模会远超传统教学课堂,但同时也对其教学设计、教学内容、学习管理、评价方式等都提出了特殊要求。慕课作为网络技术发展下教育领域最重要的成果之一,近年来随着互联网技术与信息技术的发展,逐渐受到更广泛的地区和人群的欢迎。在新时代,慕课自身也发生显著变化,更加重视课程的完整性与接受度,这不仅为学习者带来更好的学习体验,而且也提高了慕课在教育领域的认可度,学习者通过慕课得到的证书、学业评价等也能够得到更多高校、机构和组织的认可。慕课平台也从最初的线上教育信息交流平台、教学资料分享平台,转变为集资源共享、信息沟通、学术分享于一体的"线上课堂"。而慕课作为"线上课堂"也表现出一些显著的特征。

1. 以自我学习为主

课堂教学设计是对整个教学活动的系统规划,对整个课堂的走向和教学框架进行科学布置。教学设计一般包括目标、内容、策略、评价四个基本要素。在传统教学模式下,教学设计指导着教学活动的展开,从时长范围、评价方式、作业情况等方面对课堂教学进行限制。尽管近年来在现代化技术、教育学理论和管理学思想的影响下,教育改革不断深化,但在教学设计与课堂组织、课堂教学的基本结构等方面改变仍不明显。基于传统教学模式的教学设计仍多以知识掌握为教学目标,教与学的过程仍是以"教师引导、学生学习"的顺序进行。

慕课的教学设计也包含着以上四个基本要素,但在课程实施过程中,更加强调对学生自主学习能力的培养。慕课的教学设计同样会通过一定方法对课程活动进行限制:通过课程视频形式、课堂测试方法、论坛小组对课程活动进行规范。慕课面对的学习者规模巨大,在传统教学模式下,一个教师最多面对百十个学生,仍难以完全照顾所有学生的学习进度,在慕课模式下,讲授者更无法做到"一对一"式的教学,当然慕课的目的也不在于此。慕课的出现是为了实现优质教学资源在更大范围内的传播,是为了搭建起缺乏有效学习渠道的学习者与有志于推广优质教育资源的专家学者间的桥梁。因此,慕课课程在设计时更注重对学习过程的设计，注重对学习者的引导，而非单纯对某个知识的传授。同时，与线下传统课堂教学不同的一点，在慕课课程设计时，还要考虑到不同地区、不同文化背景下学习者的需求和接受方式，通过避免使用可能引起争议的教学方法、强调学术性研究等方式，引导学习者根据自己实际情况完成学习过程。在慕课教学的整个过程中，学习者的自主性是保证学习任务完成的关键。

另外一个体现学习者自主性的地方在于，对慕课课程选择的自主性。慕课面对着大规模的学习者，学习者同样也面对海量的慕课资源，而且随着近年来全世界范围内高校和学术界对慕课的重视，慕课资源在不到十年的时间里飞速增加，很多同类、同质的慕课资源陆续出现在各大平台。学习者需要在这些慕课课程中挑选出自己更喜欢、接受度更高的那部分课程。这种情况是不会发生在线下传统教学课堂之中的。

2. 短小精确的课程内容

传统课堂教学的内容安排是参照学科教材和大纲要求并辅助练习册、教辅书等进行设计的，与学科特点、课程类型直接相关。而高校教学课程一般是由国家教育部门统一编制的，相对固定。课堂教学无论从教学内容、课程目标，还是从教学时长、教学完整度等都会受到一定限制，教师的教学活动必须符合国家和学校的要求，完成固定的教学任务，实现一定的教学目标。

但慕课并不受这方面限制，教学内容全凭课程制作者、讲授者做主，可以是讲授者自己的研究方向或是专业经验，也可以是学科基础知识或者某个易混淆知识点等，还可以是某些跨学科、跨领域的内容等。慕课课程可以是一节课，也可以是分成多节课的一门课程，也可以是数个学科的整合介绍，甚至可以是对之前各不相关领域的教学资源的重新整合和再次利用。慕课从创立之初，就并没有刻意强调内容的系统性和全面性，慕课的课程视频中只有一小部分是对某一门课程的系统讲述。慕课课程视频的时长大部分都比线下课堂要短，一般只有十多分钟，一个视频可能只包含几个教学片段和部分学习资料，内容容量相较 40 分钟以上的线下课堂来说极小。因此，慕课设计者在进行内容选择、课程设计时，需要认真筛选教学材料，选择更能吸引学习者、更具代表性的内容来制作课程视频。一门流传度高、学习者众多、质量过硬的慕课，一般需要很长的准备、设计和制作时间。一般来说，一门慕课的制作需要经历以下四个步骤：

第一，选定教学内容，编制教学材料，先将其分成每节 2 小时左右的几个部分（相当于一周的学习量），再将每一部分都划分为数个 10 分钟左右的小节。之后以小节为单位进行课程视频的录制。

第二，录制课程视频，并对视频进行编辑。

第三，按照慕课平台要求，上传制作好的课程视频和教学材料、课件等相关教学资料。

第四，设置嵌入式测试，在课程视频的合适位置嵌入准备好的程序性问题，以发挥测试的作用。

在课程上传前一个月左右，课程的宣传视频、信息就已经在慕课平台公布，学习者可根据公开的信息选择课程。课程开始后，学习社区也会随之开放，学习者和讲授者可以通过小组、论坛等进行沟通。同时，讲授者需要进入管理系统，对学习者的问题进行解答。

3.民主平等的师生互动与教学管理

线下课堂教学模式，师生之间联系与沟通主要发生在课堂上。而课堂上的师生互动绝大多数都是由教师主导，与教学设计直接相关。在传统教学模式下，课堂教学仍是以教师讲授、学生听讲的形式进行，在教学过程中插入问答、讨论等互动环节，能够有效拉近师生关系，提高学生的参与度，改善教学效果。从互动角度对教师在课堂的行为进行分类，可分为以下三种：

第一，主教行为。教师作为教学互动的主要参与者，在传统教学模式下承担着知识传授与讲解的职责，需要完成语言介绍、文字与图像信息的呈现、肢体动作的配合，借助这些语言和非语言的表达完成知识传递过程，同时主教行为还包括由教师主导的学习活动、阅读过程、练习过程、师生讨论等行为。相对前面单纯的知识传递，后面师生互动的环节能够更好地缓和课堂氛围，营建更加和谐的师生关系。

第二，助教行为。教师的助教行为主要包括在营造教学情境时的引导行为，以及课前导入环节和课后总结环节的行为。教师通过助教行为，激发学生的学习动机，引导学生的学习兴趣，并借助对各类现代教学工具的使用，丰富课堂教学呈现方式，增加学生新鲜感。

第三，管理行为。教师的管理行为主要包括在规范课堂秩序时的管理活动，包括对课堂规则的制定、对课堂时间的控制、对学生行为的纠正等。教师不仅要通过对课堂秩序的管理，保证教学活动的顺利进行，而且选择合适的管理行为，辅助教学氛围的构建。

慕课的时长较短，对教师的行为表现有所限制，但上述三种教师行为也都在慕课中发挥着巨大作用。慕课与传统的线下课堂教学相比，还是存在诸多差异，慕课的师生互动并不像线下课堂教学一样是实时的。慕课的课程视频每周上传一次，教师在上传新的课程视频前会通过慕课平台将课程计划发送给加入课程的学习者。学习者自己把握学习时间，完成学习任务，并在规定时间内上传作业内容。在这个过程中，尽管学习者的自主性起着关键作用，无论是对学习时间的把握，还是学习任务的完成、作业的上传，学习者都需要足够的自我约束力和自我管理能力。但是与此同时，教师的行为作用也不容忽视，比如教师在上传新课程视频前的通知、提交作业的提醒、课程视频中嵌入的问答、课程讲解过程、课程内容中的思考问题提出等。

另外，慕课还有一个传统课堂教学没有的重要组成部分，那就是学习社区。慕课的讲授者和学习者可以通过课程讨论区对课程内容、专业问题以及各类相关信息进行交流、沟通、讨论。学习者在完成课程视频学习后，随时可以就不理解或感兴趣的内容参与到讨论中来。慕课的讲授者也会定期浏览讨论区中的问题和观点，对其中的专业问题进行解答，对合理观点进行吸收。但由于慕课规模性较大的特性，社区内学习者的数量占据绝对优势，所以参与讨论区讨论的多为学习者。慕课的制作并不是单独某个人的功劳，都是由整个制作团队的通力合作完成的，一般在慕课课程视频上传后，也是由整个制作团队共同进行维护的。慕课制作团队的教师一般都会实时关注学习社区内的信息，并根据最新课程的要点建立新的讨论组，通过发帖、建圈等方式将课程学习者纳入其中，引导大家讨论分析，发现新观点、巩固新知识。同时教师还会对讨论组中学习者的反馈情况进行总结，对其中问题做出解答。相比传统教学课堂的师生交流，慕课的讨论区更像是线上论坛，学习者能够自由发言，教师与学习者间能够更平等地交流，学习者与学习者间的讨论更加随意和丰富，不会受到课堂氛围的影响，也不会被某个话题所限制。正是这种自由性、开放性和包容性，让慕课在全世界范围内获得了巨大认可，也收获了更大规模的学习者。

但是大规模讨论也带来了大量的管理工作，一般慕课学习社区和讨论组的管理是由课程制作团队完成的，当学习者规模过大、人数过多时，教师也会从活跃度较高的学习者中招募有余力、有意愿的学生，加入管理团队，参与社区管理工作。这些管理者需要对讨论组内的帖子进行分类和整理、维护讨论组的和谐环境、对其中的问题进行整理和分类等。管理者除了对学习社区和讨论组的管理，有的还需要对学习者的邮件进行处理。相较传统课堂教学，慕课课程的管理工作更多依赖学习者的自我监督和自我管理，这也是慕课课程退课率高的主要原因。如何提高学习者对课程视频的黏性，培养学习者的学习意志和学习习惯等，已经成为慕课研究者重点关注的问题。慕课管理除了需要制作者团队、志愿学习者外，还要依靠一定的平台服务工具。其中最主要的就是各个慕课平台的课程导航系统、展示区等，这些系统模块和管理工具，为管理者进行课程服务提供了有效工具。除了平台自带的技术工具，还有很多专门为学习者开发的用于课程评价与筛选的网站和小程序，比如果壳网的MOOC学院，MOOC学院将线上的慕课资源都进行了搜集与整合，并通过开发筛选程序，帮助学习者快速查找和选择自己需要的课程。另外，MOOC学院还支持课程评价，学习者可以在MOOC学院论坛中对自己已学习的课程进行打分和评价，为之后的学习者提供参考，同时也拉近了学习者之间的关系，提高了学习社区内成员的活跃度，增进了有同样专业背景或同样兴趣的学习者的交流。

4. 同学互评的评价方式

学习评价作为教学活动重要的组成部分，不仅是教授者重要的教学手段，而且是学习者重要的自省工具。学习评价是在既定目标的标准下，通过一定的评价方式对学习过程、学习行为或学习结果进行评价的过程。学习评价有时候不仅包含对学习者专业知识、技术能力的评价，还包括道德情感、综合能力的评价。在传统课堂教学模式下，学习评价一般可分为诊断性评价、终结性评价和形成性评价。

诊断性评价主要用于教师对学生学习基础的摸底了解。教师通过诊断性评价了解学生的大体情况，以便根据学生实际情况制订教学计划、完善教学设计。

终结性评价主要指对学习者阶段性学习成果的评价，期中考试、期末考试等都属于终结性评价。终结性评价一般采用笔试的形式，准确度与公平性都相对较高，但也存在片面化的弊端。目前，很多高校仍采用终结性评价方式对学生学习情况进行检测。

形成性评价主要用于课堂教学的过程中，以随堂测验或课堂提问的形式出现。教师借助形成性评价实时掌握学生的课堂吸收知识情况，以便调整授课节奏。

慕课教学也有学习评价的环节，但评价方式、评价标准都不像传统课堂教学那样严格。首先，在评价的效力上，传统课堂教学的学习评价会与学生的学习成绩、学分绩点直接相关，但慕课教学只是为了让学生了解自己的学习效果，即便近年来慕课课程的跨校学分系统得到有效建设，但慕课教学的评价效力还是远低于课堂教学；其次，在评价的流程上，传统课堂教学的学习评价会遵从既定的流程，采用统一标准，要保证所有参与评价的学生的公平性，但慕课的学习评价很多都不会给出成绩，也没有比较标准，评价过程也不会受到教授者的监督；最后，在评价的标准上，传统线下课堂教学的学习评价一般都有既定标准，比如60分及格等。但慕课根据设计团队的不同，其评价标准也存在差异，同时也会受到管理团队和授课教师的影响。在这其中，能够申请课程证书的课程，考核标准相对规范，但与线下考核相比仍存在差距。

另外，慕课与传统课堂教学在学习评价方面最大的不同在于，存在一种新的评价方式——同学互评，即由学习者对一起学习的同伴进行评价。这种评价方式主观性相对较大，也曾被很多人质疑，但这种评价方式在社会学研究中发挥了巨大作用，其科学性已经得到有效证实。另外需要说明的是，慕课的同学互评与课堂教学的学生互评并不相同，课堂教学中学生之间相互认识，在进行评价时可能会受到彼此情感的影响；但在慕课教学中，学习者之间除了学习过程和专业交流，并无过多联系，因此评价的真实性与客观性相较其他群体间的同伴互评，更具真实性。

第二节 高校英语教学应用慕课的可行性分析

一、信息时代学习方式的新转变

在人类文明发展历史进程中，信息存储与传递方式经历了三个里程碑式事件，那就是文字的出现、印刷术的发明、信息技术的产生。在信息时代的当下，大学生的学习方式也发生了巨大变化，网络成为其获取信息、支撑生活的重要工具。

（一）从图书馆查阅到互联网搜索

信息时代，计算机与网络技术带来的最重要变化就是信息传递途径的改变，也正是这一改变直接影响了人们的生产生活、学习工作等。大学生在进入大学后，学习环境更加自由，学习方式多种多样，网络作为最便捷、最轻松易得、最新颖的信息获取渠道，必然会被大学生青睐。曾经备受推崇的图书馆，也逐渐改变了原有功能，图书馆数据库建设成为各高校图书馆的重要任务。与此同时，各类数据库、论坛、资源网站也成为学生获取学术信息的重要途径。在这一时代背景下，学生的学习方式和信息获取模式也受到了巨大影响，主要表现在以下三个方面：

1. 拷贝文字的到来

随着最近几年材料工程与互联网技术的发展，计算机已经成为人们生产生活中难以绕开的重要工具。而借助计算机编辑文体，无论是传播范围还是传播方式，相比传统媒体都具有明显优势。大学生通过网络进行学习，借助计算机完成作业和论文，然后通过 U 盘拷贝资料和信息，这已经成为当前大学生学习生活的常态。但在这种情况下，文件信息更加隐蔽，要想对文字进行编辑，必须借助计算机设备。同时编辑的随意性，也会导致错误的发生，比如，字体混乱、背景杂乱、错别字和语病明显等。另外，信息拷贝和文字复制的便捷性，使信息复制的成本降低，也导致剽窃、抄袭问题开始层出不穷。学术界为规范学术氛围，推出了重复率的概念，并借助计算机技术开发"查重"软件，比如，借助 Paper Pass、万方查重、知网查重等，对文章的原创性进行检测。但在大学教学过程中，这种检测方式只在学生提交毕业论文时会被提及。在日常教学中，教师对学生作业要求不高，学生论文质量水平较低，这也是当前高校教育水平得不到有效提升的一个原因。

原本计算机技术与材料工程的发展，推动了信息拷贝技术的出现，为信息传播提供了巨大便利，但这一便利没能真正让信息和知识在大学生的脑中流转起来，只是让它们在网络、硬盘、U 盘之间不断传递。同时，这种信息流动方式还会给部分大学生一种错觉：放到 U 盘中的知识，就是已经学过的知识。这种错误感知会极大地影响学生学习的积极性。而信息拷贝技术带来的抄袭问题，会严重损伤大学生的创新能力和创新意识。事实上，大学生并不是缺乏创新思维，比如，近几年出现的"淘宝体""甄嬛体""咆哮体"等，都带有创新的意味，但并不能为社会建设和学术研究带来更多益处，究其原因主要有两个方面：首先是创新的根基不够牢固，大学生的创新很多都是徒有形式，缺乏足够的文化底蕴；其次是创新的结构缺乏实用性。很多大学生创新只是"借题发挥"，并未从内涵和功用的角度深入分析，导致很多创意十足的想法都变成哗众取宠的噱头。

2. 读图认知的流行

网络技术与计算机技术的发展为当今时代信息的流通提供了巨大便利，尤其是 4G 时代的到来，信息传递不再局限于文本，而是向着图片、视频的方向前进。2020 年之后，5G 技术开始在全世界范围内普及，智能终端与网络技术彻底改变了人们之间的信息传递方式。如今，文字的东西已经很难再吸引大部分人的兴趣，图文并茂的内容、动静结合才是当今信息传播的主流。"由图可知""视频为证""看图说话"成为当下最常见的读取模式。这种泛娱乐化、大众化的文化氛围，对大学生产生了深刻影响，尤其当下的年轻人，"三观"建设尚未完全，抵抗外界诱惑的能力相对薄弱，很难不被社会文化影响。在这种氛围下，大学生提笔忘字、语病一堆、文章毫无逻辑等问题日益严重。同时，作为表意文字的汉语，本身学习起来难度就大，长此以往，也会对汉语的传承造成不利影响。尽管当前"读图认知"的负面影响深远，但并未像抄袭一样引起社会各界的重视，这一方面与我国相关研究者数量不多有关，另一方面也受到市场经济原因的影响。在市场经济背景下，人们的生活、学习节奏都在不自觉地加快，图文形式的内容更容易吸引人的注意，人们也能更快地从中获取信息，这为信息传递带来了一定积极的影响。但也需要对其负面影响予以关注，高校在进行大学生教育时，需要重视这一问题，培养学生更好的学习习惯。

3. 浅阅读的包围

阅读是重要的学习技能，应该受到大学生的关注和重视。互联网技术和智能终端也对人们的阅读产生了巨大影响。电子书、公众号、头条文章等成为人们阅读的首选，在这样的大环境下，大学生的阅读方式也从到图书馆读纸质书变成了用手机读电子书。这一转变不仅是阅读方式、阅读媒介的变化，而且是阅读内容、阅读偏好的改变。有学者提出了"浅阅读"的概念，即人们日常阅读的文章大都是短、平、快的内容，每次阅读的时间大概只有十几分钟，这种形式的阅读很难从中体会到深刻的内涵。大学生的阅读同样呈现出这样的特点，在进行学业信息查询和拓展知识阅读时，大多采用"浅阅读"的方式进行，而不是像十年前那样到图书馆对相关资料进行查询和搜集，然后集中翻阅、认真思考。这种"浅阅读"的确能够帮助大学生快速获取信息，但难以培养其思维逻辑、批判精神等，而且很容易导致大学生难以再沉下心去深入阅读。无论是想要在专业领域继续深耕，还是要切实获取某项技能，都是需要大学生沉下心来认真学习和分析的。因此，尽管"浅阅读"已经成为当前社会的普遍现象，大学生仍应培养自己深度阅读的习惯和能力。

（二）从现实的讨论到虚拟的交流

网络与现实生活不同，谁都不知道网线的另一端坐着的是什么人。网络的这种虚拟性，会给人带来平等感、安全感和隐秘感，利用网络进行交流可以免去很多虚伪的客套，也不用顾忌周围其他人的看法，这也是大学生喜欢借助网络进行交往的重要原因。不过，随着信息时代的到来，网络不再仅仅是人们进行私人聊天的工具，而是成为信息传递的有效途径，很多学习资料、工作文件、通知信息等都会通过网络进行传递。大学生不仅学习要通过网络进行，而且文件传递、信息接收与发送都需要依靠网络。这种交流方式的确超越了传统的信息交流方式，更加快捷，不再受时间和空间的限制。同时能够实现多方的即时交流，使每个人的信息都能得到平等对待，不再像面对面交流一样可能会被声音高低、位置远近等因素影响。另外，网络资源的丰富性也为大学生带来更多的选择机会和发展空间，各地区、各高校的优质教学资源都能通过网络被大学生获得，同时线上课堂还为学习者提供了匿名讨论的机会，大学生可以借助网络真实地表达自己想法，而不需要担心问题不合时宜或过于浅显而被人嘲笑。

网络技术的确为教学带来了诸多便利，但同时线下传统课堂教学作用的意义也并不应被质疑和磨灭，课堂教学所带来的情绪感染、关注感、教师魅力等是其他任何教学方式都难以代替的。而且课堂教学同时也是一种独特的人际交往过程，人与人之间交流传递的不仅是能用文字表达出来的内容，还有表情、语气、动作等，这些形象因素带来的信息量和心理感触是无法用语言简单描述的。这也应是教学的一个重要组成部分。

（三）从找寻信息到辨别信息

互联网技术和计算机技术两者并不相同，两者相互结合才是我们现在使用的网络。硬件设施（如计算机、平板电脑、智能手机等）的差异会对信息呈现方式产生影响，这虽然会导致网络使用的差异，但在当前智能手机普及的当下，其影响已经越来越小。软件设施（如各类电脑软件、手机 App 等）的差异与网络使用能力的差异所带来的不同才是影响人们网络习惯的重要原因。大学生群体中出现的各种不良学习现象，很多都与其使用网络的习惯有直接关系。新媒体的兴起快速抢占了传统媒体的市场，成为传播界的新宠，传播学的专家、学者无不惊叹于网络力量的强大。但纸质媒体直到今天仍有一席之地，这一结果也值得我们深思。纸质资料能够给予学习者更加完整、直观的知识呈现，能够有效提升资料呈现的系统性和对比性。大学生在利用网络学习时，能够轻易地收集到海量信息，看似效率更高，但很难完全通读所有资料，收获不一定更多；同时网络上各类信息繁杂，存在很多偏激、错误的内容，需要将更多时间花到筛选、分类上，精力消耗巨大，甚至从中筛选出需要的信息都很难。在这种情况下，学会利用知识信息，合理使用网络资源，才是大学生获取信息、进行学习的有效方法。

（四）多媒体教学学习

多媒体教学是基于网络技术展开的，需要借助计算机对文字、图像、声音、视频等信息进行处理，然后通过多媒体设备进行展示，再加上音频的配合，为学生呈现出丰富多彩的教学资料。多媒体教学具有形象直观、灵活生动的特点，自出现以来就受到教育界的关注和欢迎，成为目前我国重要的学校教学方式。但多媒体教学并不是全无缺点的，在教学实践的过程中，也表现出诸多弊端，对学生的思维方式、学习习惯等都产生了一定影响。

借助多媒体技术进行教学，能够有效活跃课堂氛围，相比传统教学方式更具优势。但如何充分发挥多媒体的作用，切实提高课堂教学效果，同时避免多媒体技术使用过度造成负面影响，成为当前教育领域重要的研究问题。多媒体技术在教学领域应用中的劣势，主要表现在以下三点：

第一，教学课件质量参差不齐。目前高校有部分教师学术能力、科研能力和教学能力都不差，但在面对计算机技术和多媒体设备的操作时，却难以做到得心应手。而很多高校要求所有教师都要采用多媒体技术授课，从而导致教学课件质量难以保证。另外，还有部分教师本身教学能力不足，或其他工作太多没有时间和精力打磨课件，也会导致教学课件质量不佳。

第二，教学设备维护不到位，授课过程受到影响。多媒体设备包括投影、音响、计算机等多个部分，每个部分发生问题都会导致整体设备无法使用。很多高校虽然配备了多媒体设备，但在维护方面有所欠缺，经常出现设备故障问题，严重影响了课堂教学的连贯性。

第三，多媒体教学降低了教师教学的积极性，同时在表达方式上存在一定局限性。现在很多高校教师上课就是站在讲台，一页一页地翻 PPT，边翻边照着念。在这种教学氛围下，学生的积极性调动不起来，教学效果自然得不到保证。

总的来说，多媒体教学就是一把双刃剑，教师在利用多媒体进行教学时，必须克服其消极的一面，充分发挥其积极作用，不断探索行之有效的教学办法。

二、慕课的优势

（一）在教学模式的优势

1. 形成语言使用环境

英语一直是我国重要的外语之一，在全国大部分地区的学校中，英语都是作为第二外语进入课堂的。然而，很多地区的高校从未有外国人踏足，很多学生也从未在校外说过英语，这无疑为英语教学带来了很大阻碍。英语是一门语言学科，只有能说出来的语言才能被称为语言。慕课集结了全世界范围内的学习资源和学习者，其中就有很多来自英语国家的学习者，能够为学生提供英语交流的平台，让学生真实地感受英语氛围，从而深化对英语知识的理解。

2. 扩大学生知识储备

课堂教学是我国大学英语教学的主要形式，但在大学阶段英语教学的课时并不多，教师要保证教学任务的完成，因此，英语课堂的知识点一般都较为密集，导致学生很难再有精力去吸收更多相关知识。慕课的课程视频时长一般较短，且教学资料丰富，学生通过慕课可以获取大量有意思的背景知识，同时还能为学生提供在线讨论的空间，这对激发学生兴趣、丰富学生知识储备有非常大的帮助。

3. 提供能力培养平台

总体来看，目前我国的高校教学仍以知识传授和技能教学为主，很少会关注学生能力的发展。一方面因为能力难以通过评价方法准确衡量，另一方面能力发展个体差异性较大，以能力为标准对学生进行评价有失公平。但长期以来对学生能力考察的忽视，也影响了学校对学生各项能力培养的效果。在英语教学方面，传统课堂教学模式下，学生开口的机会很少，师生之间、生生之间的交流也很难照顾到所有人，学生的语言能力难以得到有效培养和锻炼。慕课教学，首先能为学生提供真实的语言环境，让学生逐渐沉浸到英语学习中去；其次能为学生提供有效的交流平台，让学生与外国学习者直接交流，体验英语交流环境；再次慕课丰富的教学资源能让学生寻找到最适合自己的语言学习方法，切实从能力培养的角度来提高英语能力。

4. 平衡不同学生水平

我国幅员辽阔，各地区经济发展水平不同，由此带来的教学条件和外周环境也存在差异，学生所能获得的教育资源也并不平衡。在传统课堂教学模式下，学生学习全靠教师的引导，教师水平的高低直接决定了学生的学习效果。但在慕课模式下，学生可以通过网络获取全世界范围内优质的教学资源，地区环境的影响被降到最低，只要学生有学习的需求，就能获得优质的教学资源。慕课的开放性为学生提供了学习的机会，同时也为地区发展注入了新的力量，同时也照顾到了不同水平、不同阶段、不同基础的学生的个性化需求，这对于英语教学具有深远的意义。

（二）在教学资源上的优势

1. 课程丰富

慕课经过十年的发展，已经有海量的资源可供学习者选择。截止到2018年，慕课平台上的课程资源已经覆盖了金融、管理、人文、社科、计算机技术、教育等超过30个学科、2700门课程、7000个视频资料。在内容方面，不仅包含化学、物理、代数、几何等基础学科，还包含医学、计算机、金融经济等专业性较强的学科。同时这些教学资源并不全都是用英语讲解的，其中也包含很多中文、西班牙语、法语的教学内容。各慕课平台为方便学习者更好地获取教学资源，基本都配备了翻译团队和字幕组。

2. 拥有完整教学体系

高校英语教师应当结合英语课程特点以及慕课教育理念来构建完善的英语慕课教学体系，为学生提供特色教学课程，着重培养学生的英语思维能力、英语应用能力。通过教学体系构建，可以为高校学生提供更加优质的英语教学活动，将教师从授课活动中脱离出来，专心致志地来培养学生英语思维与英语应用能力，助力实现英语资源共享与英语资源共建，提升高校英语教学效果。在课程教学体系建设环节，教师应当秉承教书育人原则，主要将基础英语教育作为核心内容，对学生的知识转化能力展开培养，使学生将自身所学到的英语知识合理运用到实际当中。需要注意的是，高校学生的英语水平也并非完全相同，为满足各个层次学生需求，高校应当发挥慕课教学模式大众性特征、人性化特征，将各个层次学生划分到不同学习小组，为不同层次小组预留不同学习难度的教学任务，使各个层次的学生都可以在慕课学习环节有所收获、有所突破，提升任务完成率，激发学生学习兴趣，并且养成良好的学习习惯。

三、慕课对高等教育公平的价值

（一）高等教育公平的现状

2015年4月，教育部出台了《教育部关于加强高等学校在线开放课程建设应用与管理的意见》，对高校的慕课探索给予了肯定，其中鼓励各大高校研究确定慕课教学质量的评价标准细则，将慕课纳入学生的培养方案和教师的教学计划当中，研究确定慕课教学的实际效果评估细则和本校学分之间的转化操作细则。并鼓励各大高校进行慕课教学，或将慕课与传统的课堂教学进行结合。

2018年9月，《关于加快建设高水平本科教育全面提高人才培养能力的意见（征求意见稿）》出台，明确指出要促进优质慕课平台发展，通过建立高校慕课学分认定的制度，让优质课程资源在提升人才培养水平方面起到更大作用。

地方教育主管部门也细化落实了具体政策，如北京市教委针对慕课的建设，发起了一校一课，建通识课的工作，采取政府购买服务的方式，高校学生可以免费学习这些优质慕课；天津市教委于2014年选出了8个学校进行慕课教学改革的试点，要求这些学校制定并推行针对教学改革的慕课整体建设方案，必须使用慕课课程进行教学，学校可以购买慕课平台上的优质课程，也可以自己建设优质的慕课课程。

从教育部这些文件可以看出国家对慕课发展的重视,但教育部目前的文件更多的是在肯定和鼓励高校对慕课发展的探索,并对慕课课程的建设应用与管理进行了宏观指导。

1. 高等教育机会公平的现状

根据高等教育公平的系统分析框架,高等教育机会公平的主要指标是高等教育毛入学率和高等教育适龄人口招生比差异。对慕课而言,显然不会对高校的入学率造成影响。但因为其开放性,随着学习人次的增加,慕课能让越来越多的人直接在慕课平台上学习到高校最优质的课程,这本身也是机会公平的体现。目前,我国已有1000多所高校建设了慕课,已上线的慕课总数达12500门,已有超2亿人次的学习者进行了慕课课程的学习,获得慕课学分的已有6500万人次。相比2017年,我国在各大慕课平台上上线的慕课数量由3200门激增至了12500门,增长近3倍;慕课课程的学习人数从5500万人次暴增至2亿多人次,增长了2.7倍;获得教育部认可的国家精品在线开放课程数量从490门增加至1291门,增长了1.6倍。我国目前已有超千所高校开设了慕课,其中建设的200多门优质的慕课进入了各国著名的慕课平台。我国慕课在总量上已超过美国,位居世界第一。[1]

从这些数据来看,慕课似乎极大地推动了高等教育机会公平,让更多人享受到了获取此前很难接触到的优质教育资源的机会,但考虑到我国在线大学生数量众多,按2019年8月教育部的统计数据,2019年毕业生数7533087人,从慕课兴起的2013年开始算起,平均每年每人学习慕课的次数仅为3.8次,与大学生每年总体的学习次数相比还是微不足道的。可见当前慕课对高等教育机会公平的影响还是相当小。

2. 高等教育过程公平的现状

根据高等教育公平的系统分析框架,高等教育过程公平的主要指标是高校师资投入差异,具体来看是高校专任教师的比例、高校专任教师中具有中高级职称的比例和高校专任教师中具有研究生学位的比例。慕课作为一个工具,自然不具备改变各高校实际的优质专任教师数量的能力,但广大学生在慕课平台上学习名师直接讲授的慕课课程时,对这些学生而言则是直接提升了其享受到的优质教师资源的公平性。这也意味着,优质慕课课程对各专业的覆盖程度,直接影响着学生的高等教育过程公平状况。

---

[1] 张烁. 中国慕课 大有可为 [N]. 人民日报, 2019-04-11 (8).

（二）从知识传播方式看慕课的价值

从知识的传播历史可以看出，慕课的出现大大降低了人们获取知识的成本，从知识传播的角度，可以说慕课是知识传播方式的趋势。

人类社会出现以来，知识的传播经历了几个阶段。在文字出现以前，知识主要是人类的生存经验，这些经验只能通过口口相传来传播，文字出现以后知识可以被记录下来传播，但由于记录载体的限制，知识只掌握在极少数人手中。在造纸术和印刷术出现以后，知识得以借助规模印制的书传播开来，但由于成本极高，知识也仅限于掌握了文字识别方法的阶段。直到现代电子信息技术的出现，知识得以借助广播电视等载体获得大规模传播。这一发展的趋势也揭示了新型传播载体的出现总是能大大促进知识获取权利的公平。而慕课作为最新一代传播知识的革命性技术，无疑也将大大降低人们获取知识的成本，从而促进人们在知识获取上的公平。具体到高等教育层面，则是将大大促进高等教育的公平。

（三）从大学的发展看慕课的价值

大学创立的初衷，即是让更广大的学生群体能以更低的成本、更方便地获取知识。世界上第一所大学，是大约在1088年由意大利的博洛尼亚（Bologna）创办的，当时，欧洲正从黑暗的中世纪走出来，年轻人渴望学习知识，但知识传授的成本还较高，因此他们聚集到博洛尼亚，一起出钱雇佣具备知识的教师为他们传授知识，这就大大降低了这些学生获得知识的成本，由于越来越多对不同科目知识感兴趣的学生和老师的聚集，逐步变成了大学的雏形。

大学的逐渐兴盛则源于人们对薪资更高的工作的追求（相应的需要掌握的知识更多，需要大学文凭）。20世纪中叶，美国制造业开始衰退，蓝领工作也随之急剧减少，银行、金融、保险、咨询和技术服务等白领工作兴起，这导致有没有大学文凭拉大了人们之间的收入差距。一个国家通常会有多所大学，但不同大学之间会有层次差别，进而也导致了在不同大学就读的大学生也有了高低水平之分。为了向招工企业证明学生所具备的知识和技能，大学在学生完成其学业并通过考试之后，向其毕业生发放学位证书。这一证书在劳动力市场非常重要，是学生能力的证明。虽然学位证书上本身并没有写明学生的智力、技能及思维水平详情，但招工企业都很清楚排名第1位大学的毕业生和排名第100位大学的毕业生的能力是有着很大差异的。在大学招生时，就已开始了对学生优劣的区分，不同层次的大学最终会招收到不同水平的学生。这样在学生获得学位毕业时，社会已经对他们进行了分层。

在大学这一金字塔式的分层系统中，一流的师资基本都进入了位于金字塔顶端的名校里面，这些大学再挑选最优秀的学生，用这些最优质的师资对他们进行最高质量的培养。这样金字塔顶端的名校毕业生毕业后，逐步成为各行各业的精英骨干，大学也因此获得更好的声誉和影响力。无论一个国家的高等教育发展水平如何，作为金字塔式分层体系顶端的存在，只会有少量的学生被名牌大学录取。高等教育的大众化、普及化的重任则是由金字塔底部的众多普通大学负责完成。这种分层机制导致的不同大学师资和生源的巨大差异进一步造成了高等教育的不平等现状。慕课这种大规模开放的在线课程能为所有学生提供平等学习高质量课程的机会，从而大大促进高等教育的教育公平，并可以提高整个高等教育体系的教育水平。

慕课的出现为大学的职能的拆分带来了可能，教学的职能和学位授予的职能不再必须是学生所属的大学，学生高中毕业后进入一所大学去学习某一专业，但毕业的时候可以通过慕课的学习获得另外一所学校其他专业的学位，学生和大学的关系不再只是被招生录取这一环节所绑定，可以有多种更为公平灵活地选择，这在慕课出现之前是不可想象的。

（四）慕课对高等教育公平促进作用的主要体现

慕课的最高愿景就是借助信息技术这一强有力的工具，让优质的教育资源在全球范围能开放共享，它的这一核心理念也让它成为实现教育公平的有效途径，慕课主要从三个方面体现了其对促进高等教育公平的价值：

1. 对高等教育权利和机会公平的价值

网络作为慕课传播知识的工具，能够不受地域和时间限制地开放和分享优质的教育资源。对每一个想学习的人，都能够随时随地借助网络，获取到慕课平台上的优质教育资源。慕课破除了高等教育招生名额的限制，打破了高等教育之门，大大降低了高等教育的门槛。学习者可以根据需求在慕课平台上选择优质高校的名师课程来学习。慕课无疑将大大促进高等教育学习权利和机会的公平。

2. 优质高等教育资源均衡发展的价值

高等教育公平理想状态，是每一个学习者都能公平公正地享受最优质的教育资源。在此前这只是无法实现的空想。但在互联网时代，慕课借助现代信息技术，主要是互联网和 AI 技术，让优质的高等教育资源能抵达世界的每个角落，这样每一个学习者都能在世界顶级的名校享受世界顶级的教育。

慕课可以破解我国教育资源在区域、城乡和校际分布不均衡的难题，打破传统教育资源的天花板。更为重要的是，慕课不像此前的网络开放课程只是简单的共享静态的优质资源，而是把完整的动态教学过程搬到了慕课平台上。从而更有效地提升高等教育的质量。

3. 有效解决高等教育公平与效率的统一

"互联网+"时代，在网络技术与计算机技术日益普及的背景下，将慕课与传统教学模式相融合，探索线上线下共同发展的混合式教学模式是当前高校教学的重要发展方向。目前我国绝大部分高校都引入了慕课资源，甚至部分高校将慕课直接搬上教学课堂，这种将线上的视频教学资源与线下的课堂教学相结合的教学方式获得了巨大的积极效果，同时这一模式既能发挥学习者选择合适的时间自主学习的主动性，又通过教室中面对面的沟通系统地解决了学生学习过程中的疑惑，另外这一模式会有教师对课程进度的跟踪和学校课程学分的要求，学生在单纯线上学习所存在的完课率问题也完全消失了。高校的混合式教学模式大大提升了教师教学和学生学习的效率，并大大促进了学生接收到的高等教育质量的公平，这就让高等教育公平与效率得以共同提升，和谐统一地向前发展。

第三节　基于慕课的高校英语教学实施

一、慕课教学使高校英语教师角色转换

（一）教师角色定位

作为一名合格的高校教师，在慕课的大潮流背景下如何转换教师角色一直是大家都在研究和讨论的问题。一是不断地更新教育理念和学习新型的教育技术成为高校英语教师必不可少的基本要求和素质，要成功地做到角色发生转变，就要明确地知道知识的传播者和分享者之间的本质区别。二是这种新型的上课方式可以有效直接地反映和解决学生的问题。因此，教师的主要角色定位主要体现为对知识的分享以及对学生在线上的学习进度进行监督的作用。同时，教师也可以利用慕课平台学习到其他高校教师的授课方式，取其精华运用到自己的教学模式中以达到更好的学习效果。并由教师检测其学习效果。此外，还可以通过平台对学生的线上学习情况和作业进行批改，指出其问题，交流和探讨也就成为慕课主要的问题反馈形式。

（二）教师角色转换研究

首先，教师要从思想上认识到转变角色的必要性。慕课的有效推广和实现要求教师要从传统的教学思想上做出根本的改变，把慕课的优势和传统教学的优势有效结合起来，还要结合线下案例来达到对高校英语资源的有效整合。

其次，教学活动的设计成为主体。与传统教学不同的是，教师需要把工作重点放在教学活动的设计上面，这样才能与慕课的核心相吻合，因为慕课核心则是需要教师把上课的最佳知识点传授给学生，保证和学生之间是同为参与者的关系。

再次，为了使教师更加积极地参与慕课。任课教师的课堂也不再是传统的以教师为主体的教学方式，要鼓励学生成为教学的主体。因此，任课教师要把小组讨论设计作为课堂的主体环节。因此，任课教师要非常熟练地掌握慕课平台的使用。教师除了要把握好知识点之外，还要掌握如何把课件、声音和动画等多种模式结合来提高学生的学习主动性和乐趣性。

最后，任课教师要熟练运用慕课的专业化知识。混合式教学即线上线下相结合的方式，这种教学方式让教师的课堂在空间和时间上都不再受到局限。

二、慕课教学使大学生学习方式发生转换

高校要全方面发挥慕课的积极作用，利用慕课的优势在多种渠道上改变大学生单调的被动学习方式，形成自主学习、探究学习、合作学习等多样化的主动学习方式。

（一）共享教学资源

大学生需要庞大的教育资源来支持他们改变学习方式，只有合理搭建教育资源共享平台才能让大学生通过多种渠道和方式获得优质的教学资源，拥有更多的学习机会，从而更快更好地改变大学生的学习方式。第一，全球共享教学资源。目前，世界上有越来越多的著名大学都加入了慕课平台，并在慕课平台上分享了他们最好的课程，并向学生提供了不同文化和语言环境下的教学资源，教师和专家也在慕课平台上分享学习素材，并从不同的角度进行指导，让世界上任何人都能学到自己感兴趣的课程并确保优质的教育资源是为全世界人所共有的。第二，学校间共享教育资源。我们必须认识到，在学校之间教育资源的共享中，必须发挥名校、名师、名课的作用，开放教育资源，让一所学校的教育资源变成多所学校的教育资源，让学生受益于多所大学。利用重点大学对普通大学的牵引力和影

响力，在慕课平台上分享精品课程，充分利用资源的优势和互补性，加强学校之间的交流，取长补短。教师也应该在慕课平台上分享自己的教学设计，增进各校老师之间的沟通，互相学习，共同进步。第三，校内教育资源共享，高校应创造一切必要条件，开放教育资源，更新完善教学设备，提供获得优质课程的机会和方式，让所有学生都能享受本校最好的教学资源。

（二）引导学生转变学习观念

学习的主体是学生，大学生学习方式的转变受到学习观念的影响。因此，大学教师必须引导学生学习。首先，教师需要引导大学生充分利用网络学习资源。教师可以将重点放在基于慕课的大学生在线学习上，这样学生就可以利用学习媒介和学习环境中更好地学习。只有采取积极的学习策略，充分利用学习资源，学生才能获得良好的学习效果。其次，教师需要引导大学生明确他们的学习动机。在教育过程中，教师应该让学生保持好奇心，允许学生主动参与学习研究。再次，教师需要引导学生提高学习的成就感。在线上慕课的学习中，学生有更多的机会提问和交流，并面临比传统学生更大的挑战，而更大的挑战需要更加的努力来获得成功，并取得更大的成就感。最后，教师应该引导学生成为学习的主人。教师需要让学生提高自我管理的能力和自主学习的效率，真正把学生变成学习的主体。

（三）创新教学方式

学生的学习方式就是教师教学方式的反映，要想达到良好的教学效果，帮助学生提高学习效率，教师对教学方式的改进与优化始终都是首位的。首先，教师要从思维方式入手，转变教学观念，真正将培养学生能力放到教学任务的首位。让学生感受到自己的转变，从而促使学生主动做出改变。其次，教师应持续提升教学能力，尝试新的教学方法。高校教师必须保持一颗开放的心，始终保持对新技术、新思想的关注，并在教学过程中积极尝试新方法，不断总结教学经验，提升教学能力。时刻保持创造性的课堂也会给学生带来新鲜感，激发学生的学习热情和创新思维。再次，及时调整教学方法，教师需要根据实际情况及时调整教学方法，合理利用教学资源，有意识地对不同教学方式的效果、作用和优劣进行总结和分析，总结出符合所在学校、自身风格和所教学科的教学方法。比如，在高校英语教学中，教师就应多采取实践训练形式的教学方法，引导学生增加实践经验，通过亲口说、亲自参与交流过程来丰富对英语知识的认识。最后，丰富教学手段。随着计算机技术与多媒体设备的发展，教学手段多样化，教师可以借助多媒体设备对网络上更加丰富的教学资源进行展现，但在这个过程中也有很多教师为图省事，完全用视频资源代替了教学过程，产生娱乐性的视频资料在教学过程中所占比例过大的情况，严重影响了教学活动的正常展开。因此，教师需要正确认识不同教学手段的价值，合理配置、灵活运用不同教学手段，既要为教学活动提供更多亮点，也要重视教学任务的有效完成。

（四）重建师生关系

师生关系是影响学生学习方式的重要因素。在传统教学模式下，教师与学生处于教导与被教导的位置，双方的平等性得不到有效尊重和体现，学生在学习过程中也很难获得自由发挥的机会，这无疑会使学生学习的主动性和积极性受到压制。在慕课环境下，教学方式发生巨大变化，要想最大程度发挥慕课的价值，必须提升学生的自主性和积极性，这就需要推进平等民主的新型师生关系建设。第一，教师要转变自己的角色定位，在慕课教学中，教师扮演的更多是引导者的角色，不能再停留在课堂管理者、知识传递者上，要将课堂主体地位还给学生，让学生在自由的氛围下感受知识本身的魅力。第二，教师应积极转变教学过程中与学生的交往方式，以平等尊重的态度对待学生的意见，转变之前师生之间单项的教导式交往，鼓励学生发表个人看法，促进交互式交流的形成与发展。同时，还要鼓励学生在课堂上发言，增加学生与学生、学生与教师之间的沟通机会。第三，创设更加民主的课堂氛围。营建更加和谐、民主的课堂氛围，能够缓解课堂的严肃感，降低面对教师的紧张感，减少学生心中根深蒂固的"畏惧"心理，同时要注意的是，在进行师生交往的时候，教师必须真诚地关心、热爱和尊重学生，希望通过自己的教学过程让学生收获更多专业知识、人生经验、职业资讯等，学生只有在感受到这份真诚之后才会发自内心地理解和尊重教师。

三、基于慕课的高校英语教学实施策略

（一）立足慕课设计高校英语教学总体规划

高校若想将慕课融入英语教学中，就必须设计规范完善的英语教学总体规划。具体来说，英语教师应以英语教学目标为导向进行慕课总体教学规划的设计，并从慕课内容规划、慕课课堂实施规划以及慕课教学评价实施等层面来落实。夯实学生的英语基础知识、提升学生的英语综合能力是高校大学英语教育教学的基本目标。英语教师要以这一目标为导向，结合慕课教学特点和英语教育教学实际需

求，制订能培养学生跨文化交际能力的英语教学规划。首先，英语教师应对在线微型课程的内容进行规划设计。线上英语慕课内容应包含预览模块、文化模块、理论知识模块、语言运用模块、练习与检测模块和讨论分析模块等多个内容模块。这样，学生在利用慕课资源进行学习时，不仅能整体浏览与系统学习单元知识内容，而且可与英语教师和其他同学进行线上自由讨论交流。其次，教师可遵循"线上学习与线下指导相结合"的原则，制订基于慕课的课堂教学实施规划，并做好英语课程教学的整体安排。慕课资源具有可移动性、开放性与碎片化等特点，能够充分激发学生的学习兴趣，发挥教师的引导与点拨作用，让学生更轻松、高效地学习。最后，教师应关注慕课英语教育教学评价，充分发挥评价在英语慕课教学中的价值。

（二）促进慕课与传统英语教学的融合

教师在实施慕课教学时，并不是彻底摒弃或否定传统英语教学模式，而是立足于慕课教学视角，以"取其精华，去其糟粕"的态度优化传统英语教学模式，加速慕课资源与传统英语教学的融合运用。在高校英语教育教学改革中，慕课与传统英语教学的融合主要表现为"线上+线下"混合式教学模式在英语教学中的广泛渗透。在慕课的支撑下，高校英语教师可通过实施"线上+线下"混合式教学模式来发挥慕课在英语教育教学改革中的价值。首先，英语教师应基于慕课做好线上英语教学。具体而言，教师可依托学堂在线、智慧树、雨课堂、中国大学MOOC、蓝墨云班课等网络在线慕课平台进行线上授课。在开展线上授课时，教师可先让学生观看一些趣味生动的英语慕课课程（一般以微视频为主），抛出英语教学话题，紧接着让学生根据微视频中所提到的主题通过微信、QQ等线上交流工具展开交流与讨论。待授课结束后，教师可在网络平台上为学生布置线上英语作业，让学生在线上完成并提交。在依托慕课的在线英语课堂上，教师能轻松完成英语课程资源推送、线上话题讨论活动组织以及线上课堂作业布置等多项教学工作。其次，教师应做好线下授课。在线下课堂上，学生能与教师进行面对面的交流沟通，这是线上课堂难以实现的。教师在开展线下授课时，应重点帮助学生构建完整的知识体系，并通过重点答疑、专题学习、个性化辅导等方式提高学生的英语综合能力。

（三）打造精品英语慕课课程

高校在实施英语教育教学改革时，需要充分发挥精品优质慕课课程资源的作用。在当今教育信息化的时代，普通的英语慕课资源因趣味性差、内容枯燥、呈现方式落后，已难以满足时代发展需求，因此，当代高校英语教师应使用更加丰富、多样且有价值的慕课资源。一方面，高校应构建特色化的英语慕课课程。慕课资源往往以短视频的形式出现，短小精悍、重难点突出、充满趣味，且会针对一两个重难点知识进行讲解，帮助学生有计划、有目的地进行学习。高校应发挥校内具有顶尖水平的英语教师的聪明才智，鼓励其遵循慕课视频特点，融合地域特色制作出符合慕课短视频要求的精品英语慕课。在制作慕课时，英语教师团队还可根据具体情况制作时长不同的慕课资源，以用于特殊教育背景下的英语线上教学。另一方面，高校应加强与周边其他优秀院校的合作，构建更大的慕课共享平台，为本校学生争取更多优质精品慕课，帮助本校学生尽快养成英语自主学习习惯。

第四章 "翻转课堂"在高校英语教学中的构建

本章的主要内容为"翻转课堂"在高校英语教学中的构建，章节内容分为三部分，分别是翻转课堂的理论研究、高校英语构建翻转课堂的可行性分析、基于翻转课堂的高校英语教学实施。

第一节 翻转课堂的理论研究

一、翻转课堂的起源与内涵

（一）起源

纵观国内外文献可知，早在1991年，哈佛大学教授埃里克·马祖尔在其物理教学中就发现计算机辅助教学可以使学生更积极地参与其中，这已体现了一定的以技术促进教学的先进思想；2000年，迈阿密大学的三位教师在其"经济学导论"课程中，尝试了学生课下完成新内容学习、课上讨论完成作业的新模式。虽然在此时这种教育方式没有特定的名称，但实际上已经是"翻转课堂"的雏形。直至2004年，塞缪尔·可汗在家中录制了1500多个微型教育讲座，包括了数学、金融、物理学、生物及当代经济学等学科，翻转课堂这一思想才逐渐传播开来。2006年，可汗在网络上开办了可汗学院，这一里程碑式的举动，使得翻转课堂成为全球教育家关注的教学模式。不可忽视的是，2008年，美国林地公园高中的两位教师乔纳森·伯尔曼和亚伦·萨姆斯真正地把翻转课堂应用到实际教学中，并取得了显著的成绩。该方法给予他们更多的时间去关注个别学生，而且可以更大程度地激发学生的学习动机。

（二）内涵

通常来说，大家对翻转课堂最朴素的解释就是将传统的课堂学习和课后作业的顺序进行颠倒，即将知识的吸收从课堂上迁移到课外，知识的内化则从课后转移到课堂，学生课前在网络课程资源和线上互动支持下开展个性化自学，在课堂上则在教师引导下通过合作探究、练习巩固、反思总结、自主纠错等方式来实现知识内化。

与传统意义上的课堂教学结构相比，翻转课堂颠覆了人们对课堂模式的思维惯性，改变了学生学习流程，从新的角度揭示了课堂的新形式、新含义。有人认为，"翻转课堂"打破了持续几千年的教学结构，颠覆了人们头脑中对课堂的传统性理解，倡导先学后教、以学定教，赋予了学生更多的学习自主性和选择性，强化了师生之间的沟通与交流，实质是学生学习力解放的一次革命。这不仅契合了国家教育信息化发展规划指导思想的核心——创新学习方式和教学模式，它也因此被称为对传统教学模式的"破坏式创新"，成为信息技术与学习理论深度融合的典范。

翻转课堂也可以称之为"颠倒课堂"，是基于教学理念的创新和课堂教学有效翻转提出的新型教学模式。在移动互联网信息技术广泛应用的背景下，翻转课堂教学模式的应用能将课堂教学与学生课前自主学习、课后训练巩固进行合理化翻转，使课堂教学转变为师生共同解决学习问题的场所，学生对知识的探索集中在自主学习方面，并且在翻转课堂教学模式的辅助下，英语教学不再局限于课堂内，而是能向学生的生活延伸，为学生开辟更为广阔的空间，突出学生在英语学习中的主体地位。因此在全面促进大学英语教学改革的过程中，要有意识地针对翻转课堂教学模式的构建和应用进行分析，在教育改革活动中有目的地促进理论教育和实践指导的多元融合，提高教学组织发展成效，对学生的英语综合素质实施合理化训练，力求在翻转课堂教学模式的辅助下能将学生培养成为应用型高素质英语人才。

到底什么是翻转课堂？有人认为，翻转课堂就是一个在线课程；也有人认为，翻转课堂只是"颠倒"了传统课堂的顺序，而没有实质的变动。但事实并非如此，虽然翻转课堂的核心内容就是教学视频，但是教师仍然起着至关重要的作用。因此，不能简单地说翻转课堂就是一个在线课程。在传统教学中，教师是讲台上的指挥者，向学生灌输知识，而翻转课堂将知识的传授提前到课前；原本需要学生在课后完成的大量练习转移到了课堂当中，与教师和同学互相讨论完成。这一颠倒的教学流程，实现了知识传授的提前与知识内化的优化，将过去重视知识传递、以教代学的模式，转变为以学生为主体、教师引导学生学会学习的模式，这正是翻转课堂的真正内涵所在。

二、翻转课堂的教育理论基础

（一）布卢姆的掌握学习理论

1. 基本含义

布卢姆的掌握学习理论的基本含义是给予学生足够的学习时间和个别帮助以及注意教学的主要变量，学生就能够在掌握一个单元的学习之后顺利进入下一单元的学习，从而达到课程目标。正如布卢姆所认为的，只要提供适当的先前与现时的条件，几乎所有的人都能学会一个人在世界上所能学会的东西，即在"所有学生都能学好"的思想指导下，以集体教学（班级授课制）为基础，辅之以经常、及时的反馈，为学生提供所需要的个别化帮助以及所需要的额外学习时间，从而使大多数学生达到课程目标所规定的掌握标准。

可以发现，提供了有利的学习条件时，大多数学生在学习能力、学习速度和进一步学习的动机方面会变得非常相似。经过有效的学习指导，绝大部分学生都能够完成学习任务，完成掌握学习。在这个过程中，有超过80%的学生能够在开始下一阶段学习之前就达到掌握水平；同时这个比例并不会因为学习任务的增加而下降。由此可以推断，只要给予学生足够时间进行学习，并辅以个性化指导，那么几乎所有学生都能够完成学习任务。

掌握学习要求学生能够按照自己的节奏学习课程。学生完成了一个单元的学习后，必须以80%~100%的掌握水平证明他们自己已经学会了内容。证明学生是否已经掌握了学习内容的方法是"退出评估"——包括实验室和书面测试。倘若学生在评估中得分低于85%，他们需要再次学习自己理解有偏差的学习内容，并重新进行测试。这样，学生的学习情况是由他们已经掌握的学习内容的多少来决定的。按照布卢姆的看法，在教学中注意影响学习的主要变量，就能够使绝大多数学生掌握绝大部分的学习内容。

2. 掌握核心思想和重要变量

学习理论的基本原理就是让学生获得充足的时间学习，学生的能力倾向指其完成一项学习任务、掌握一个学习单元所需的时间量。基于这一原理，卡罗尔提出了学习公式：能力倾向$=f$（学习速度），即能力倾向是学习速度的函数。

布鲁姆在卡罗尔学习公式的基础上，提出了他的学习模型：学业达成度$=f$（实际学习时间/需要的时间）。同时，他还提出影响学生实际学习时间的因素有三个：机会、能力倾向与毅力，三者在不同程度上影响着学生的学习兴趣、学习态度，从而对学习效果产生影响。在学生学习的过程中，有三个影响最终结果的变量：学生的情感准备状态、认知准备状态、教学质量。这三者发挥作用的具体过程如下：首先，学生的认知准备状态方面，需要关注学生进行学习之前已具备的知识和技能水平的差异。学生之前的经历和学生对学习结果的期望都会影响学习任务的完成情况。其次，学生对学习任务所持有的情感状态会决定学生为完成此项学习任务付出的努力以及克服困难、面对挫折的勇气。学生完成某一学习任务的成败经验会在很大程度上影响学生之后完成类似学习任务的结果。因此，教师应该多给予学生积极的强化，比如，多鼓励和表扬学生、给予学生更多展示自我的机会等。最后，教学质量涵盖教师如何提供学习线索或指导、学生参与学习的程度、教师如何强化学生学习三个方面。

3. 掌握教学要素和教学策略

掌握教学的过程包含着四个基本要素：线索、参与、强化、反馈。

第一，学习线索是指学生需要掌握什么内容和教师需要在学习过程中做哪些具体的指导。由于学生领悟学习线索的能力存在差异，因此教师应该针对不同的学生提供不同类型的线索呈现方式。第二，学生结合教师提供的、针对学习线索的学习提示和学习内容，做出相应的反应或者训练。就是说，学生需要积极参与到学习活动中来。第三，强化的类型很多，如物质奖励或者精神鼓励等。实施强化的主体可以是教师，也可以是同伴，还可以是学生自己。强化的效果也存在着差异。因此，教师在教学过程中可以视具体情况而采取不同的强化方式以达到较高的强化效果。第四，教师能够适时根据学生的学习情况给予恰当的指导——给学生提供适合的学习线索，给予适当的练习机会，及时做出强化和反馈。这样，学生能够明了自己的学习任务，得到高效地训练强化，知晓自己学习的结果，整个学习过程始终处于一种可监控和可调节的张弛有度的状态。

掌握学习理论的教学策略分为三个步骤：说明学习需要的先决条件，制定实施的程序，评价这种策略所产生的结果。教师需要向学生清楚、详细地说明学习目标以及如何确定已经达到掌握标准。不是制定相对标准来评价学生的学习情况，而是制定一个绝对的掌握标准，促使大多数学生经过努力之后都能够达到它，这样可以促使学生的自我发展和进步。

4. 翻转课堂视域下掌握英语学习理论的教育意义

首先，布卢姆的掌握学习理论有助于全体学生实现学习目标。掌握学习理论强调面向全体学生，不希望任何一个学生在学习过程中没有完成应完成的学习任务，充分满足每个学生的学习需要。

其次，掌握学习理论，关注学生的个别差异。在制定英语学习目标时，教师应充分考虑学生原本存在的个别差异。教师应为不同的学生选择不同的英语学习材料，采用不同的教学方法，给予个别化的指导和帮助。

再次，掌握学习理论对学生的心理健康也有促进作用。在掌握学生学习的过程中，英语教师对每个学生都持有积极的态度，相信每个学生都能够学好。教师对学生的学习能力充满信心，学生也因为教师的期望而获得自信，慢慢激发起学习的内部动机，学习逐渐获得成功。在整个学习过程中，学生对学习内容产生兴趣，享受到学习的快乐，获得学习的成就感和幸福感，学生的自我观念也获得更深层次发展。

最后，掌握学习理论也主张学生之间的相互合作学习以及师生的交流。在学习的过程中，教师与学生之间的交流与讨论增多，师生情感加深；学生之间互帮互助，培养了合作精神，改善了师生关系。

（二）斯金纳的程序教学法

美国著名教育心理学家伯尔赫斯·弗雷德里克·斯金纳根据操作性条件反射和积极强化的理论，对教学进行了改革，设计了教学机器和程序教学法。

1. 基本含义

斯金纳的程序教学法是将学习任务按照学习顺序依次排开，并将其输入到教学机器，按照教学任务节点设置好程序，并在每项任务完成后根据学生表现给予奖励或惩罚的反馈。其根本原理是条件反射，通过将学习过程程序化，借助强化刺激激发学生学习动机，同时由于各自程序的独立性，学生可以自己掌握学习节奏，进行个性化学习。而在程序教学过程中，教师主要扮演着监督者与观察者的角色，更全面地衡量学生在学习过程中的表现，及时对学生情绪进行疏导，保证各项反馈的准确性与及时性，避免由于程序的固定化导致学生兴趣下降。

2. 五大原则

程序教学法的实施需要遵循五个原则。

第一，小步子原则。程序教学法需要将学习任务分割成一个个相互联系的学习单元，随着学习任务的逐步完成，学生逐渐掌握完整的技能或知识。通过程序教学法，学生每次只需要面对一个难度较小的学习任务，然后经过不断的努力形成较大的知识网络，在降低学生学习难度的同时，提高学生参与学习的积极性。

第二，积极反映原则。在应用程序教学法进行教学的过程中，教师要对学生给予及时的指导与反馈。当学生遇到学习困难时，教师需要即时反应，并予以指导，让学生顺利完成这一阶段的学习任务，不然学生可能会一直卡在这个"关卡"

无法进行下一阶段的学习。另外，教师需要科学设置各学习任务完成后的奖励内容，并在学生完成时及时给予肯定和鼓励。程序教学法不同于传统教学方式，学生的学习都是线性的，每个学生面临的问题各不相同，教师扮演的是答疑解惑的角色，不能单纯地讲授知识就算完成任务。

第三，即时强化原则。程序教学法的深层原理就是条件反射，而要达到强化效果，必须给予学生即时反馈，加强反馈刺激与任务完成的联结，建立条件反射。学生的学习行为会受到反馈刺激的影响，要想让学生做出预期的行为反映，那就必须通过积极刺激对该行为进行强化，在条件反射建立后仍需要进行强化，如果在这种行为内化为学生自己的学习习惯之前得不到强化，那么这种行为也会消失。教师的赞赏鼓励、任务奖励都能够在一定程度上调动学生的积极性，给之前发生的学习行为带来强化效果，但当之后迟迟得不到进一步强化时，之前的强化效果就会下降，甚至会导致反射条件消失。

第四，自定步调原则。程序教学法给每个学生一个学习程序，学生根据自己的实际情况一步步完成学习任务，自己掌握学习节奏。教学过程也不再是所有学生接受同样的教学内容，不同基础的学生吸收程度不同，也就造成了学习效果的差异。

第五，低错误率原则。程序教学法将所有学习内容都进行分解，学生每次都只需要解决一个相对简单的问题、完成一个小任务，学习难度降低、学习的错误率也明显下降。学生在积极的反馈下，能够更好地建立自信心，积累学习兴趣，提高学习效率。

3. 启示意义

程序学习法强调了对学生参与感、积极性和学习兴趣的调动和培养，通过对教学环节、奖励方式、学习速度的设计，让学生能够根据自己的实际情况，调整学习方式与速度，更有利于学生的个性化发展与自主能力培养。这种教学方式也给英语的翻转课堂带来一定启示。

（三）个体建构主义理论

建构主义围绕"知识是什么"与"知识是怎样获得的"两个问题进行研究并给出解释。但实际上建构主义也是经过了很长一段时间的演变和延伸才建立起来，并不存在绝对单一的建构主义理论，在如何认识他人的意义和与他人交流的作用方面，其观点也存在着不同倾向。

个体建构主义，也称认知建构主义，其重要的奠基人为皮亚杰。皮亚杰在其儿童心理发展观点的研究基础上,将心理学与认识论有机地结合在一起,创造性地提出了发生认识论。发生认识论的研究核心就是儿童从出生到成熟的自然逻辑发展过程。个人建构主义理论就源于皮亚杰关于认知结构的相关研究。

"知识"的概念被重新定义:知识不是主体对客观现实的被动反映,不可能与现实一模一样,知识是一种结构,是在主体和客体的相互作用的过程中建构起来的。这一观点否定了客观主义对于知识的性质的定义,客观主义强调教师将客观知识从外在世界传递给学生,认为教育应该营造适合知识传递的教学环境。而建构主义着眼于创设能够帮助学习者完成知识建构的环境。

在皮亚杰之前的观念中,儿童被视作缺乏知识的成年人。而皮亚杰经过多年研究,创造性地发现了儿童与成人的认知方法有着本质区别,并依据儿童思维的特点将其发展分为不同阶段。初中学生多数正处在由具体运算阶段向形式运算阶段发展的过渡期当中。此时的初中生们已具备了一般的逻辑结构,并且能够根据归类、先后次序关系等进行传递推理,抽象思维也已逐渐形成,但还要依靠与现实环境相结合来思考问题。

作为生物学博士的皮亚杰,将平衡在生物进化演变过程中起到的促进作用,迁移到认知变化的过程中,他提出主体和客体之间的相互作用的本质也是取得个体与环境的平衡。这里提及的平衡是一种动态平衡,个体可以通过有效的自我调节行为,逐渐让认知向更高的平衡状态发展。而自我调节行为又分为两种:同化和顺应。同化是学习者把外部信息整合进入自己原有的逻辑结构中,是对认知结构量的改变。当学习者对新事物进行同化的过程中,仍保持着平衡状态,但如果新的经验与原有的结构或理解产生矛盾,那平衡就会被打破。此时,学习者会重新建构先前的认知结构,也就是因结构失衡而产生的顺应行为。顺应是对认知结构质的改变。学习者通过不断地"同化于己"和"顺应外物"的过程,从平衡状态到失衡状态再到新的平衡状态,发展自身的认知结构,这个过程也就是获得知识的过程。

人只有通过自身的活动才有机会对自己的认识进行自我建构和对自身的智能进行提升。虽然个体在与外界的互动过程中取得进步,但归根结底,个体还是依靠自身形成自发的、内部的认知结构。因此,个人建构主义强调个人以及个人知识建构活动的重要意义,其理论的焦点在于个人从内部建构知识体系的方法和过程。

信息加工理论从其本质和原理来看,与建构主义有一定的相似性,同样关注学生对新知识的构建与提取。但心理学家们更侧重对知识整合方案与信息加工方式的强调，认为这其中与建构主义的联系还不够紧密。信息加工是个体知识对外部世界进行精密的心理表征，个体构建观认为个体知识是对外部世界的映射，个体知识真正来自自我反思与协调过程。

建构主义对于学习作了初级学习和高级学习的区分。学习者在初级学习中只需要了解某些概念，在测量与评价中只要求重现所学的概念。初级学习中的内容基本上都属于结构良好领域。而在高级学习中，学生需要深层次地理解概念并在实际情景下灵活使用。高级学习中的知识内容除了结构良好领域，还涉及结构不良领域，即概念具有复杂性且实例间具有差异性。

针对高级学习的教学，建构主义学者提出了"随机通达教学（Random Access Instruction）"。为了针对概念的意义取得多方面多层次的理解，在学习过程中，采取多样化的角度入手。在与实践情境相关联时，从单一角度进行简单理解会错漏其他方面，因而从多个视角对情境进行分析是十分必要的。由此"随机通达教学"应运而生，即基于不同的学习目的，在不同的时间和多样化的情境中，针对相同内容实施多次教学，从不同的视角对问题进行尽可能全面的分析，以求学习者在每次学习中获得新的认识。

有学者对建构主义进行深入研究后，探索总结出了与之相契合的教学模式，并将其系统地概括为：为实现帮助学生完成对所学知识的含义建构的目标，教学要以人为本，教师在教学活动起到组织、促进的作用，同时为了鼓舞学生的积极性、施展学生的创造能力，应当合理地营造学习情境，组织生生协作、师生会话等教学活动。

建构主义的学习理论，为翻转课堂模式提供了认知心理学的理论基础。课前，借助教师制作的教学视频所营造的学习情境，学生根据自己已有的经验，对新知识进行学习，激发学生的主动性、积极性；在课堂上，教师担任组织者，促进学生间的交流协作，对疑难问题进行讨论，对基础知识进行总结并进一步加工、建构。在翻转式的课堂中充分渗透了建构主义的思想，着眼于创设适合学生进行知识构建的学习环境，提供合适的教学资料作为新信息，让学生自己在课前尝试对新信息进行同化或顺应。和传统课堂直接由教师传授灌输知识不同，只有学生通过自己的学习活动，才能建立自己的认知并发展自己的潜能。

（四）情境学习理论

情境学习理论最早是由美国学者提出的。重点强调了知识与情境交互，人所学习的知识与技能最终的落点是社会，学习者又通过在情景教学中获得新的知识。

强化自身的探索与自学经验，高效的学习需要配合合理的教学情境，就像工具需要在合适的情境下才能发挥最大的效用。重视学习活动的真实性，学生唯有将所学的知识与技能应用于实际生活，才能透彻理解知识的价值。重视学生的交互，通过相互协作，教师在教学开展中重点起到引导作用，帮助学生构建知识架构，引导学生主动融入课程知识。

以翻转课堂为基础的课程教学需要注重情景的构建，使得学生能在学习的过程中实现知识的进一步理解。

（五）学习金字塔理论

美国学者埃德加·戴尔于1946年提出了学习金字塔理论，他指出，学习者采用不同的学习方式对知识的留存率具有显著影响。

学习金字塔理论提示，主动学习和交互式学习对知识留存率有积极作用，在翻转课堂教学开展中应注意采用学生演示、小组讨论等课堂组织形式。

（六）艾宾浩斯遗忘曲线

德国心理学家艾宾浩斯在心理学角度对记忆进行了系统的实验，总结了遗忘的规律。他认为，遗忘的速率随着时间由高变低，根据这个规律绘制出了"艾宾浩斯遗忘曲线"，该曲线提示在教学中应该及时复习巩固。

由于高校专业课实际需要，在排课时一般将2个课时排为一次课，尽管专业课每周共有4个课时，但一周只有两次课，因此两次课的间隔时间在2~5天。间隔时间较长将造成学生遗忘率较高，往往教师在新课讲授的时候，学生已经把上一次课的内容遗忘了。因此，合理利用艾宾浩斯遗忘曲线，有助于改进翻转课堂教学模式，巩固学生对于理论知识的记忆。

三、大学英语翻转课堂教学模式的策略

翻转课堂教学模式发源于美国，在很多国家和地区有着广泛的应用。作为一种新兴的教学模式，翻转课堂在很多方面与传统教学不同，尤其是在课程设计方面。但是，教学活动、课程资源、教学评价和支撑环境这些要素都是组成翻转课堂与传统教学模式的基础，所以，翻转课堂的教学设计也要依据这些要素来进行。

（一）设计英语教学过程

翻转课堂设计的流程是由美国创新学习研究所（Innovative Learning Institute）提出来的，美国创新学习研究所指出，翻转课堂教学设计要包含以下八个步骤：

第一要确定学生课外学习目标,第二要选择翻转内容,第三要选择传递方式,第四要准备教学资源,第五要确定课内学习目标,第六要选择评价方式,第七要设计教学活动,第八要辅导学生。

1. 确定学生课外学习目标

在大学英语教学中,教师在采用翻转课堂的教学模式进行教学设计时,应该先确定课外学习目标。在大学英语翻转课堂教学模式中,课外教学与课内教学的位置发生了互换,大学生一共需要通过两次完成知识的内化过程,在课外自主学习知识是大学生第一次内化知识的过程,在课内是第二次内化知识的过程。要先确定大学生的课外学习目标,才能进行下一步的设计。

2. 选择翻转内容

由于课外和课内的教学要求不同,因此大学生在课外和课内的学习目标也就不同。作为低阶思维的目标,教师在确立课外学习目标后,要根据大学生的发展状况、特点和规律去选择合适的课外学习内容。

3. 选择内容传递方式

在确立并选择好学生课外学习目标和翻转内容后,下一步进行内容传递方式的选择。选择内容传递的方式就是将学生在课外自主学习的内容表达出来的工具。选择内容传递方式时,教师需要遵循传递内容形式丰富、获取方便、传递速度快、有利于学生个性化发展的原则。内容传递方式的选择受到多方面因素的影响,如学习内容的形式、学习者的地理位置、资源大小和接收设备情况等。

4. 准备教学资源

在完成前三个步骤的前提下,教师应该自己制作学习资源或寻找适合学生的学习资源。在这一步骤中,准备的教学资源应该与教学内容相匹配,并且要符合选择内容传递方式的原则。

5. 确定学生课内学习目标

接下来要进行的是确定学生课内的学习目标,在前面的步骤中,我们将课外学习目标称为低阶思维的学习目标,相对应的,我们将课内学习目标称为高阶思维的学习目标。课内学习目标主要针对的是分析、评估和创造等内容,不同于课外学习目标,原因是课内学习目标要求学生通过与教师和同学的交流和合作来开展教学活动,课外学习目标主要要求学生更多地进行识记、理解学习内容等。

6. 选择评价方式

无论是学生还是教师,在进行翻转课堂模式的教学活动前都要做好充足的准备,而选择合适的评价方式是非常重要的。对于教师来说,低风险的评价方式不仅可以对学生进行传统方式的评价，还可以及时发现学生在学习中遇到的问题，是在翻转课堂教学模式中的理想评价方式。基于此，教师可以通过发现学生在学习上遇到的困难来调整教学计划。在低风险评价方式中，课前小测验是最常见的。一般来说，可以通过 3~4 个问题的课前小测验来对学生课外学习的成果进行评价。该课前小测验可以使学生运用到自己在课外学习的知识，对学生和教师都有一定的反馈作用，学生可以就遇到的困难向教师询问，教师可以就学生在测验中的问题给出建议，教师和学生通过交流，来完成这一环节。

7. 设计教学活动

在选择了翻转课堂教学模式的教学评价方式后，教师需要根据学生在学习中遇到的困难进行针对性的教学活动设计，通过指引性的翻转课堂教学模式来对学生进行培养，以便学生的分析、评估和创造等高阶目标技能的养成。针对教学活动，可以根据基于问题的学习、协作探究学习和项目的学习等形式进行设计。

8. 辅导学生

翻转课堂教学模式的教学过程的设计中，辅导学生是最后一个步骤。在新时代，教师是学生学习的引导者，只有发挥好教师的主导作用，才能使教学活动的效果最大化。在翻转课堂教学模式的教学活动中，教师需要为学生的学习活动进行引导并提供相应的支持，除此之外，教师还需要因材施教，针对学生学习方面薄弱的地方进行针对性的指导。教师在学生的学习中扮演着重要的角色，在翻转课堂教学模式中，教师和学生要进行及时的交流，学生需要将学习中遇到的问题及时提出，教师要及时地进行解答，在翻转课堂教学过程的最后，教师要对学生的学习情况进行统一的总结和反馈，这样才能够促进学生对知识的吸收和巩固。

（二）开发英语教学资源

1. 支持翻转课堂的信息化教学资源

通常情况下，我们所说的教学资源指的是在教学过程中涉及的所有能够投入教学过程的设备、材料、人员、设施和预算等，科技的进步带动社会的发展，在当前的信息社会中，信息化的教学资源也就随之而来，信息化教学资源指的是在网络环境下为实现教学目标而服务的资源，包括教学人力资源、教学环境资源和教学信息资源。

翻转课堂教学模式是在信息化教学资源出现后才被提出和应用的。根据上述大学英语翻转课堂教学过程的设计可知，在翻转课堂教学模式中，学习任务单、教学视频、进阶练习、知识地图和学习管理系统等是在翻转课堂上常用的几类信息化教学资源。

除上述教学资源外，教学辅助工具软件是翻转课堂的一项重要资源。在翻转课堂中信息化教学资源被大量应用，根据教师教学方式的不同和课程内容的不同，教师需要运用教学辅助工具来实现教学资源的制作和学生学习成果的展示等。可以将教学辅助工具进行分类，主要分为视频制作工具、交流讨论工具、成果展示工具和协作探究工具四类。

2. 遵循资源选择原则

翻转课堂教学模式所需要的教学资源多种多样，每一类都是有各自的特点，而且每类资源中能够实际应用到翻转课堂教学模式的也有很多。面对这么多的教学资源，教师要对教学内容、教学方法、学生情况等进行分析，从而甄别出大学生英语翻转课堂适用的资源。在选择教学资源时，需要遵循以下原则：

（1）最优选择原则

最优选择原则指的是从可以选择的多个方案中选择一个最适合的方案。在大学英语翻转课堂教学模式中，教师要根据教学目标、学生发展情况和教学内容等选择合适的教学资源。

（2）具有较强兼容性原则

具有较强兼容性原则指的是教师所选择的教学资源要兼容学生所持有的设备。科技的发展使人们进入了信息时代，在人们的学习生活中，智能设备的大量使用使得翻转课堂教学模式的实现成为可能。手机等智能设备的出现使大学英语教学发生了变化，变得合理和高效。在大学英语翻转课堂中，学生的课外学习需要运用手机等智能设备，在课内学习中，教师要运用智能设备讲授课业。因此，在大学英语翻转课堂教学模式中采用的教学资源，在多数的智能设备上要能够进行完美呈现。

（3）多种媒体组合原则

教师要选择能激发学生的兴趣的教学资源来引导学生更好地投入课堂，这就需要形式多样的教学资源形式。大学英语教学翻转课堂的教学资源形式可以包括文字之外的图片、视频、声音等形式，综合利用教学资源形式就是多种媒体组合原则，多种媒体组合原则体现了教学活动中以学生为本的原则。

（三）设计英语教学活动

大学英语课堂翻转教学的教学活动和设计有两方面的内容，分别是课外活动设计和课内活动设计。

1. 课外活动设计

（1）在线学习

在在线学习的过程中，学生要先进行自主学习，了解课程内容，掌握主要信息，自主学习的主要方式是观看教师准备的教学视频、电子教材和资料等。在一些教师准备的教学视频中，还可以添加一些激发学生兴趣的材料、问题和例题等来增强学生在线自主学习的效果。

（2）交流讨论

教师和学生在课外学习活动中的交流讨论是通过在线交流工具和讨论区来实现的。教师和学生通过在线交流形成独特的在线辅导和自组织学习的学习模式，交流的主体可以是教师指定的，也可以是学生通过讨论决定的。经过交流和讨论，有利于学生对课外自主学习知识的掌握，从而可以更好地进行接下来的教学活动。

（3）在线测评

课外活动设计的最后一步是在线测评。在学生课外自主在线学习后，教师需要了解学生对知识的掌握情况，这就需要在线测评来发挥作用。在线测评在检验学生在线学习效果的基础上，提供了教师解决学生问题的机会，也为之后的课内教学活动打下了基础。

2. 课内活动设计

课内学习活动可以分为两种，一是个体学习活动，二是小组学习活动。根据翻转课堂的特点可知，影响大学英语翻转课堂教学最重要的一点是课内教学活动中学生知识内化的情况。在进行大学英语教学翻转课堂的课内活动时，需要留意翻转课堂教学要素是否有利于学生发挥其主体性来达到课内教学活动的目标。

第二节　高校英语构建翻转课堂的可行性分析

国家越来越重视教育的发展，全国各高校也在对英语教学进行改革，其目的在于强化学生的英语素养以实现全面发展。基于此，高校英语改革提倡学生进行自主学习和教学方式、方法的多样化。在这种背景下，高校英语教师要发挥其主观能动力，转变教育观念和角色定位，改进教学方式和手段，通过将课堂还给学生来发挥学生的主体性。这同样也体现了高校英语教学改革对教师的要求。

翻转课堂一经诞生就在美国流行开来，我国的许多教育学者也对翻转课堂教学模式大力推崇，翻转课堂与信息时代的教育不谋而合，但是国内高校翻转课堂的发展情况不容乐观，很多学校虽然采用了翻转课堂的教学模式，但没有显著的效果，令人深思。

一、"互联网+"环境下的大学英语教学系统建设

作为英语教学模式设计需要考虑的基本要素，英语教学材料的选择和设计也是其重要组成部分。高校英语教学模式研究一般都以现有教材为基准进行。接下来，我们将介绍我国大学英语教学系统建设情况和英语网络教学系统的作用研究情况。

（一）我国大学英语教学系统建设情况

在现代化的今天，国内主要网络环境下的大学英语教学系统（大学英语网络课程）建设主要分为两方面：一是主流网络课程，二是大学英语教师自己研究设计的英语视听专题学习网站或网络课程。

1. 主流网络课程

主流网络课程主要包含国内的外语教学与研究出版社的《新视野大学英语》、清华大学出版社的《新时代交互英语》、高等教育出版社的《大学体验英语》和上海外语教育出版社的《新理念大学英语》，这四家出版社是由教育部确定的出版英语网络课程的机构。现如今这四版教材被广泛应用在各高校中的英语教学中，已经颇具影响力。

这四本主流网络课程教材具有以学生为中心的共同点，都包含学生自学的内容和工具，教师需要在这四种主流网络课程中扮演管理者、监控者和评价者的角色。这四种网络主流课程的另一个共同点是它们的课程内容都是由两部分组成的，分别是英语听说模块和英语读写模块。接下来，将主要针对英语听说模块进行介绍。这四本英语主流网络课程教材的听说模块可以分为两类，分别是视频和音频，视频内容较为简单，主要是针对某些课程目标设计的视频对话，音频则是短文和对话，主要针对的是一些听力技能的培养。

这些网络课程教材的有两个不同之处，分别是视频与音频占全书的内容比不同和教学内容呈现方式不同。我们以《新视野大学英语》和《新时代交互英语》为例进行说明。

（1）视频与音频占全书的内容比不同

在外语教学与研究出版社的《新视野大学英语》的听说模块中，视频所占比例很小，每单元提供三节录制的视频片段，时长也很短，平均每个片段的时长为

一分钟，音频占了很大的比例。而清华大学出版社的《新时代交互英语》的听说模块几乎全部采用视频的形式。

（2）教学内容呈现的方式不同

外语教学与研究出版社的《新视野大学英语》共有四级，每级有十个单元，各个单元是按照主题来设计的。《新视野大学英语》的第Ⅰ级与读写模块相匹配，单元的标题也与读写模块相同，这一级听说模块主要作用是巩固读写模块的学习内容。《新视野大学英语》的第Ⅱ级与之后的内容就不再与读写模块相匹配，学习单元可以自由选择，灵活性较强。但是不足的一点是第Ⅱ级之后的单元之间并没有难度的层次感，并不能满足学生的英语听说水平的学习需求。清华大学出版社的《新时代交互英语》相较《新视野大学英语》来说，有了难度上的层次感，《新时代交互英语》的内容是推进式的，而且只有经过上一单元的练习才能继续向后进行学习。《新时代交互英语》的不足之处在于进入下一单元后，无法再查看前面的听说材料，对于一些较难的、未理解的内容无法进行再次学习和理解。因此，《新时代交互英语》的灵活性比《新视野大学英语》弱一点。

综合来看，在上述主流的网络课程的听说模块中，原声的英语视听材料所占的比重并不大，所以为了使英语教学网络课程变得更加完善，需要在网络课程中多加入演说、新闻采访、广播、广告等内容，这样可以使学生接触到更加真实的视听材料。《大学英语课程教学要求》指出了英语听力理解能力三个层次的能力要求，每一层次都有相对应的真实英语听力材料，如一般的听力理解能力要求是能听懂国内语速较慢的英语广播和电视节目等；较高的听力理解能力要求是能听懂篇幅较长的英语广播与电视节目；更高的听力理解能力要求是能听懂英语国家的广播与电视节目等。在相对应的听力理解能力的要求下加入真实听力材料，可以增强学生的真实听觉体验。

2. 大学英语教师自己研究设计的英语视听专题学习网站或网络课程

大学英语教师自己研究设计的英语视听专题学习网站或网络课程不同于主流网络课程，主要表现在以下三个方面：

（1）只适合在这些教师所在的学校使用。

（2）只针对英语听说练习，涉及面比较窄。

（3）教学材料是英语歌曲、广告、电影、广播和电视等真实材料，不同于主流网络课程。大学英语教师自己研究设计的英语视听专题学习网站或网络课程所采用的真实材料对于学生来说，难度比主流网络课程的非真实材料大，所以在选择真实材料时要考虑学生的真实水平来选择材料，这样才能在难度上做到分层次，既不会损伤学生的学习自尊，又能取得较好的教学效果。

我们所论述的听说模块的训练和学习并没有考虑学生个体的差异，所以这些研究并不能将真实听说材料的难度层次很好地体现出来。

（二）英语网络教学系统的作用研究情况

现有的英语网络教学系统（英语网络课程）方面，关于听说能力的研究不是很多。大多数的研究指出，英语网络课程相较传统教学课程模式可以更好地激发学生的学习兴趣，对于提升学生学习能力和听说能力有明显的帮助。一些学者指出，英语网络课程与传统教学模式都认可选取合适的真实材料的必要性，但两者在提升学生的听力技能方面的观点相差不大。

二、翻转课堂的特点

（一）师生角色的转变

1. 教师角色发生转变

（1）由学科知识的传授者转变为学生学习的指导者和促进者

而在翻转课堂中，课堂不再是教师的"一言堂"，学生的主体性被充分发挥，教师不再主宰课堂，将课堂还给学生，但是教师的主导作用在翻转课堂中被放大了，可以更好地对学生进行学习上的指导。在翻转课堂中，教师对于一些学习活动的组织策略如小组学习、角色扮演、基于问题的学习、基于项目的学习等必须熟悉且熟练使用。

（2）由教学内容的机械传递者转变为学习资源的开发者和提供者

在翻转课堂教学模式中，教师在学生课外学习前向其提供课外学习的资源，这样可以使学生更好地进行课外学习。教师可以根据学生的现实情况开发教学资源，有利于翻转课堂更好地开展。学生遇到问题，教师应该及时处理。所以，教师要提供学生学习时的"脚手架"，方便学生获取更好的学习资源，更快地处理问题。

2. 学生角色发生转变

在翻转课堂教学模式中，学习的决定权由教师转向学生，学生由传统的接受知识的角色转变为自定步调的学习者。作为翻转课堂中的主角，学生不再被动地接受知识的灌输，而是根据需要对学习内容、学习方法、学习实践、学习地点进行控制。在翻转课堂中，知识的理解与内化需要通过小组协作的形式来完成。

另外，一部分内化知识较快的学生可以将自己知识的消费者的身份转变为知识的生产者，这部分学生可以担任"教师"的角色，来对一些学习进程慢的同学进行指导。

3. 新型师生关系的建立

在翻转课堂教学模式中，教师要以学生为中心，学生在家观看视频学习和在课堂上与同学、教师交流，都体现了这一点。在翻转课堂教学模式中，和谐师生关系的重构表现为学生可以自己控制课外学习的进度，针对一些问题可以与同学、教师交流，具有学习的主体性和主动权。正是因为教师将课堂还给学生，让学生先自主学习，教师再对其进行指导，建立知识体系，真正地以学生为中心，才能更好地构建和谐师生关系。值得一提的是，教师将不同层次学生进行分组，有利于学生培养合作能力，促进学生全体全面的发展，建立新型师生、生生关系。

（二）教学环境的"翻转"

科技的发展使翻转课堂的普遍实现成为可能。传统课堂的教学工具一般只包括黑板、粉笔、教材、课件等内容，而翻转课堂不仅包含这些，更有线上教学资源和智能设备。在翻转课堂教学模式中，教师将课外学生要学习的资源展示给学生，学生在课外自主学习后，教师需要对学生课外学习的效果进行一定的评价，从而掌握学生的学习效果，以便于更好地进行教学活动。学生也可以在线上进行交流，共同学习、共同进步。

（三）学习时间可自主安排

在翻转课堂中，学生的课外学习时间完全由自己支配，学生还可以利用碎片化的时间进行教学视频的观看，这都得益于现代科技的发展。在这样的条件下，学生可以自主地控制学习进程，对于难度较大、较难理解的部分可以暂停进行思考或者重复观看，对于一些简单的内容可以加快速度，对于无关紧要的内容可以跳过。另外，学生还可以在网络上就一些学习上的问题与教师和同学进行交流。学生的时间可以自主安排，这在传统教学中是难以想象的，有助于学生成为知识的主动建构者。

（四）翻转课堂实现个性化教学

传统教学注重群体教学，而在翻转课堂中，实现了个别教学与群体教学相结合。翻转课堂教学模式注重教学的异步性的基础是认识到个体发展的速度不同，不同的学生具有不同的智力发展倾向和发展潜能。在传统教学模式下，教师传授给学生知识时，无法兼顾每一个学生的学习进度，因为每个人的学习能力与接受能力不同，学习能力强的人可以较快吸收内化知识，而有的学生需要更多的时间去理解知识。以往的教学要求学生在统一的安排下掌握教师所传授的知识，达到统一的要求，这是不符合学生的发展规律和个人的学情的。在翻转课堂的课外学习环节，学生对自己课前学习的进程进行自我把握，对学习内容的掌握情况进行调整，这体现了异步的特点。值得一提的是，在课堂上开展探究活动时，教师也可以因材施教，促进学生个体化发展。翻转课堂的异步性对于改革传统课堂教学模式有着重要的意义，有利于学生自发性的学习和全面发展。异步教学教师指导异步化、学生学习个体化、教学活动过程化和教学内容问题化在翻转课堂中体现得淋漓尽致。

三、翻转课堂教学模式在高校英语教学中的优势

（一）翻转课堂体现"混合式学习"优势

翻转课堂相较传统课堂有着巨大的优势，教育界的学者们普遍认为翻转课堂是基于学生自主学习、师生频繁互动构建的一种新的混合学习方式。作为一种混合学习方式，翻转课堂教学模式是学校和家庭在学生学习过程中所扮演角色的调整。早期的翻转课堂诞生时，就是课外学生自主学习、教师网络授课和课上教师解决问题的结合产物，发展到现在，翻转课堂成为现代教学模式的一项重大变革成果。

1. 课堂内容更加丰富多彩

传统英语教学常见的弊病，在高校英语教学中也会出现。从教师的角度来分析可以发现，由于传统教学思想和教学观念的影响，很多教师一直对学生采取灌输式的传授知识的方法，这样就会导致教师不会过多关注学生个体的情况，而且师生之间的互动少，枯燥的学习可能会导致学生产生厌学情绪；从学生的角度来分析，英语知识的学习对于学生来说是一种乏味的活动，加之学生学习的资源大多来自课本，学生对于学习内容缺乏兴趣，很多问题没有发现和解决，这会导致学生的英语学习受到很大的影响。将"混合式学习"的翻转课堂教学模式应用到高校英语教学中后，便可在一定程度解决上述问题。在"互联网"背景下，将先进的信息技术应用到英语教学中，可以丰富英语课堂的教学内容和教学方式，将英语知识通过多样的形式传递给学生，避免使学生出现乏味、厌学的状态。在翻转课堂中，内容丰富多彩的英语知识以声音、图相和视频等形式展现出来，可以

激发学生的学习兴趣、推动学生进行自主学习。

2. 教学效率有显著提高

传统英语教学中，大学阶段前的英语教学往往只重视听、说、读、写中的读和写，而且大学前的应试教育要求学生将精力更多地放在做题上，忽略了英语在实际生活中的练习和应用。到了大学，重视读和写的情况依然十分普遍，这种现象对于学生英语能力的全面提升有着很大的负面作用。在"互联网"背景下，翻转课堂教学模式的应用可以使学生有更多可利用的学习时间，通过自由支配时间来针对自身听、说、读、写中的不足之处进行强化练习。教师运用"互联网+"技术，在翻转课堂的基础上将慕课、微课等教学资源应用到高校英语教学中，以提升教学效率。

3. 英语教学评价更加公平

我国目前的高校英语教学评价的内容主要有三个方面：首先是学生日常考勤，其次是学生作业完成情况，最后是学生期末考试成绩。由于我国的教育思想和教学理念比较传统，所以，在高校英语的教学评价中，学生的期末考试成绩所占比重最大。这种评价方式过于看重结果，会导致一些学生为了期末考试成绩不择手段，对于学生的真实英语学习情况不能准确地反映出来。在"互联网+"背景下，翻转课堂教学模式的展开有利于教师掌握学生的真实英语学习水平。在课前学习阶段的测验有助于教师对于学生水平的初步掌握，课堂教学中，教师在学生提出问题、解决问题的过程中，也可以清楚地了解学生的学习进度。高校英语混合式教学能够消除传统英语教学评价弊端，教师可以对学生的学习状况和水平进行真实、公平的评价。

（二）创新性优势

相对于传统课堂教学模式，翻转课堂教学模式具有创新性优势。第一，能够提升学生的学习兴趣，兴趣可以帮助学生更好地进行学习。第二，翻转课堂教学模式通过课堂上的自主探究和合作，能够提升学生的能力。第三，学生的创造力可以在翻转课堂中得到充分发掘，作为一种轻松愉快的教学模式，翻转课堂可以使学生放松身心、主动投入。在这种环境下，学生的创造力可以得到有效提升。

另外，我国教育中一直存在着资源不平衡的现象，在高等教育阶段表现为优质高等教育资源大多分布在优秀大学中，其他高校中的大多数学生享受不到这些资源。但是翻转课堂教学模式的普及有利于缓解这一现象，在翻转课堂教学模式，教师可以搜集丰富的教学资源，将其展示给学生，这样不仅有利于学生的发展，也有利于高等教育公平性的实现。

（三）应用优势

对于高校而言，英语教学站在一个比较特殊的位置之上。一方面，英语的学习和能力，与学生毕业之后的职业生涯保持着密切的联系；另一方面，高校阶段失去了升学的压力，考试的反拨作用因此有所抑制，相应地，学生参与英语学习的积极性也会大打折扣。从这样的背景出发，展开有针对性的分析，可以明确翻转课堂的应用对于高校英语教学的价值。

1. 推动学生主动参与学习

对于高职院校的学生而言，其与普通高校仍然存在一定差异，这个群体相对而言在学习方面呈现出一定的懈怠特征，也因此整体水平比较有限。除此之外，普通高校学生需要在毕业之后直面更为严峻的就业环境，英语的学习也会因此需要更为灵活的方式，帮助他们获取学习的能力，而不仅仅是相关知识。从这个角度看，翻转课堂能够帮助学生主动参与到学习的过程中，通过对学习材料的自行阅读，来练习和获取学习的能力，从而不断推动英语学习的前进。

2. 及时获取学习情况反馈

翻转课堂的另外一个不容忽视的价值在于教师可以通过课堂相关问题的解答，形成与学生之间的有效沟通，从而获取到学生具体学习状况的有效反馈。不同于传统课堂讲授，翻转课堂要求学生更为主动地参与，因此问题的暴露也更为彻底。虽然在翻转课堂情况下，仍然存在一些问题，但是相对于传统教学方式，其进步价值不容忽视。虽然如此，这种反馈对于实现教学进度的不断修正纠偏意义重大，但是也并非毫无难度，对应的细节工作能否落实，成为翻转课堂教学是否有效的关键所在。

3. 教学针对性会有所提升

有了明确的学习效果反馈，从理论上就能够实现具有针对性、更为有效的教学，至少可以说，反馈为针对性教学提供了一种可能性。教师可以通过翻转课堂的实施，发现学生学习过程中出现的问题和比较突出的不足之处，并且据此展开对于教学材料和进度的调整。但是在这个过程中，应当注意的一个重要问题在于教师的教学工作调整，本身关系到多个方面的细节问题，包括教学进度和必须完成的教学内容，以及学生应当具备的学习能力。因此在这个调整的过程中，能否实现更具针对性的教学，还取决于教师能否不断加强自身素质的提高。

四、翻转课堂教学模式对于高校教学的价值

（一）学习动机的增强

翻转课堂教学模式有利于增强学生的学习动机。通过翻转课堂教学模式的落实，学生可以进行课外学习，而且能够根据自身的进度把握学习进度，在课上学生自主探究和合作交流的比例比传统课堂大大增加，学生的主体性得到了发挥，这些都有利于学生学习动机的增强。通过翻转课堂教学模式的实施，学生的学习态度会变得更加积极。翻转课堂采用了先课外学习，再在课上探究、讨论的方式，大部分学生对于课外观看视频都十分感兴趣，这不同于学生在传统教学课上被动学习，在翻转课堂教学模式中，学生能够在课前学习知识和课上解决问题，这都是学生主动学习的表现。

（二）师生关系更为密切

在教学中采用了翻转课堂教学模式后，可以更加频繁地与很多学生进行交流，课堂上的学习氛围也更加积极，师生之间的关系变得融洽和谐。翻转课堂教学模式可以保持教师与学生之间友好密切的关系，提升师生交流的频率与质量。

翻转课堂教学模式中，教师仍然是主导，学生课前的自主学习不能代替教师的作用，视频只是起到了辅助的作用。翻转课堂充分利用了学生的课前学习和课堂上的时间，将二者有机结合。在翻转课堂教学模式中，教师在课上拥有更多的时间来指导学生，通过一对一的交流，教师可以实施针对性的教学策略，这是传统课堂所不能做到的。师生之间频繁交流的有利于师生良好关系的建立，所以翻转课堂对于高校教学中的师生关系有着很大的助力。

（三）学生学习更加自主

采用翻转课堂教学模式后，学生的学习将变得更加自主。作为翻转课堂教学的重要目标，学生的自主学习也是翻转课堂教学的核心要素，要求学生要为自己的学习负责。学生学习更加自主的表现为：首先是学生自主确定学习目标，自定学习目标充分考虑了自身的情况，符合实际；其次是学生为了达到自定的学习目标而努力，学生通过课前自主学习和课上探究、解决问题都是为了目标而努力；最后使用合适的手段来证实自身学习目标的实现。学生如果在上述方面有所改善，就说明学生的学习变得更加自主。通过大量的研究发现，学生的自主学习能力在翻转课堂教学开展后得到了提升。美国一些学者通过对实行翻转课堂的教师进行

跟踪调查后发现，学生的自主学习的积极性得到了加强。新加坡国立大学认为，实施翻转课堂有利于学生按照自身的进度进行学习，有利于学生对所学知识进行灵活运用。

在高校教学中，将传统课堂转变为翻转课堂后，一定会有阵痛期，这使得学生还陷在以往传统的教学观念和教学模式中，不能很好地适应，对于教师控制其学习进度的依赖比较明显，难以进行课外自主学习和独立思考。学生需要一定的时间来适应翻转课堂教学模式，根据自身情况的不同，每个学生适应所需要的时间长短也就不同。

（四）学生的行为表现明显好转

在实行翻转课堂教学模式后，学生的学习行为和日常行为表现会变得更好。在翻转课堂教学模式的课外，学生将付出时间和精力投入到课外自主学习中，在翻转课堂教学模式的课内，学生在上课时主体性得到了发挥，课上的时间都被运用到小组探究、讨论和解决问题等方面，学生的精力更加集中，课堂的秩序和管理也得到了改善。

（五）教师工作满意度有效提升

对于创新性的翻转课堂，家长们一般来说是支持的，因为这样有利于学生的发展。在翻转课堂教学模式中，学生课外自主学习阶段大部分是在家庭中度过的，家长可以通过观察学生的学习状态来提出意见和建议并进行讨论。家长通过参与学生的课前自主学习，可以更好地了解学生的发展情况，同时，家长也可以更好地进行家庭教育。不仅如此，家长还可以在学生遇到一些难题时给予其指导，这有利于和谐家庭关系的维护。通过翻转课堂教学，师生、生生和家庭关系将会有极大地改善。

以往的经验告诉我们，在通常情况下，对局部进行的变革很难影响到整体，其作用十分有限。在翻转课堂中也是如此，作为新型的教学模式，翻转课堂不仅要在教师和学生方面进行变革，而且教育管理等教学流程同样需要进行自身的改变。新的模式会催生出新的生态，这也就对教育管理者和教师等提出新的要求。

五、翻转课堂从美国转入国内的适配性

翻转课堂源自美国，必定会带有相当浓厚的美国特色，我国在利用翻转课堂教育模式时，必定要对其进行本土化。在本土化的过程中，我们不能丢失自身教

育中的优势部分，又要对外来的教育模式中优秀的内容要进行发扬，舍弃其落后的、错误的部分。只有基于我国自身的教育，广泛吸纳国外先进的教育理念和模式，才能实现我国教育的现代化。目前，翻转课堂传入我国不过数十年，在本土化的过程中一定要取其精华、去其糟粕，并与我国教育国情相结合。在进行翻转课堂教学模式本土化时，应该对其有准确地认识，翻转课堂教学模式是一种新型的教学模式，可以借鉴利用，但是也不能彻底推翻传统教学模式。对于翻转课堂教学模式，我们要将其合理地运用到现有的教学中，根据各学校、各学科不同情况来进行运用。

（一）中美文化差异

各个国家、民族、地区的文化各有不同。文化是一个民族和社会的全部生活方式。中国文化可追溯至几千年前，美国文化发迹于二百多年前，双方文化起源有着很大的差异，文化方面自然也有着较大的差异。中国文化注重和谐和集体的利益，美国则是在追求自由民主的基础上，强调个人的利益。二者的文化不同，但各有千秋，因此产生的思维习惯和行为习惯有较大的差异，所以中国和美国在教育观念、教育方法、教育模式、教育内容等方面存在着各种各样的不同。相对于美国精英化的教育模式来说，我国的教育是为大众服务的，致力于人们的教育和知识提升。另外，美国教育比较注重的是对知识的动态掌握，而我国的教育则更看重对知识的静态掌握。中国教育不同于美国教育的根本之处是中国教育更注重基础，美国更加注重创新能力。根据以上的论述，我们将对中国和美国的教育理念、教育思想、教育体制、教学模式、教学方法进行分析研究。

1. 教育理念

教育理念是关于教育、教育价值和教育价值如何实现的观点和判断，人们在经过理性的思考和感性的体验后才能形成教育理念。教育制度的建立是基于教育理念的，国家和社会主流的教育理念决定教育制度。从文化价值观的角度来看，美国和中国教育理念的不同表现为中国主张共性教育，而美国主张个性教育。共性教育主张教学整齐划一、教师拥有绝对的权威、重视知识的传递。个性教育则主张标新立异、教学环境宽松、重视能力的培养。

2. 教育思想

在美国曾经流行的教育思想中，有要素主义、永恒主义、存在主义、行为主义和进步主义等，由于美国社会和文化的包容性，如今这些教育思想在现代美国社会仍然存在。美国教育思想中最具有代表性的就是进步主义教育。杜威作为进步主义教育思想的代表,提出了"以儿童为中心""教育即生活""教育即生长"等思想,这些思想对于美国人民的影响巨大,对美国教育起到了十分有力的促进作用。

我国儒家祭祀对象的顺序为"天地君亲师",我国自古以来就有"尊师重道"一说,这些都说明了"师"在我国传统文化中具有崇高的地位和绝对的权威,学生在教学中只能被动地接受教师的知识传递。基于这样的背景,在学生求学的过程中,知识只能单向地由教师传给学生,在"唯上唯古"的观念下,学生的创新能力有限,学问很难超越老师。自鸦片战争后,近代中国的大门被打开,中国与国外的思想开始碰撞交流,在这种背景下我国很多现代教育思想都受到了国外教育思想的影响。在五四新文化运动时期,现代生本教育思想受到杜威的教育理论的影响初步形成,20世纪50年代,在苏联凯洛夫的《教育学》引导下形成了指令型课程范式。进入新时代后,全球化的进程加快,国内外思想也在进行激烈的碰撞,教育思想也不例外。中国当代教育思想及其实践,要在本土化与外来教育新思潮的交融中获得更好的生长态势,其发展仍任重而道远。

3. 教育体制

美国的政体是联邦制国家,采取总统共和制,实行三权分立。美国的基础教育体制是联邦、州府和学区的三级管理制。在美国,最高政府并不对地方教育实行具体实际的管理,其教育行政职能只是立法授权和《宪法》所规定的内容。在美国,州和地方政府是教育行政职能的具体实现者,美国的教育政策和教育有关的法律由州政府立法机关来制定,地方学区委员会来具体负责教学的管理和举办。

我国的政体是人民代表大会制度,与美国相对的是单一制国家。中华传统文化源远流长,强调"合一",这就使我国的教育思想、教育内容、教育体制等不会有太多个性。国务院教育部统领全国的教育的管理和发展。基于我国的基本国情,我国的教育资源在统一的管理下可以由国家统筹规划,与此同时,教育目标的确立、教育公平的实现和教育质量的提升都是教育部的职能范围。

4. 教学模式

在教育理念和教育思想的基础上,美国形成了以学生为中心、强调交流的教学模式。美国教学模式对学生综合能力的培养、创新能力的提升非常看重。我国的教育模式与之相对,注重知识的传递,认为基础知识是非常重要的。我国基础教育一般是为了中考和高考而服务的,在传统教学模式下,教师是课堂的中心,学生只是被动地接受教师传递的知识,主体地位被忽略。

5. 教学方法

教学模式在很大程度上决定了教学方法。美国课堂的教学方法主要包括直接讲授法、团队讨论、小组学习、案例教学法、主题循环法、掌握学习法和研究性学习法。重视互动、自主学习、小组合作和探究活动是美国教学方法的主要特点。研究性学习法是美国主要学习方法中较为重要的一个，即"基于问题的学习"和"探究性学习"。

由于传统文化和传统观念的影响，我国的课堂上的教学主要强调教师的"教"，对学生的"学"并没有太多关注，教学方法主要是教师对学生灌输基础知识。在教育改革的背景下，学生要转变在课堂上的心态，将被动接受知识转换为主动探究问题，将学习知识转化为学会方法，将个体学习转化为小组合作。但是，在当今的课堂教学中，一些教师不能领会教学改革的核心精神，仍然对于学生采用传统的教学方法。

通过美国和中国教育理念、教育思想、教育体制、教学模式、教学方法等的研究，可以看出二者文化和教育的差异。需要注意的是，中美双方的文化和教育并没有孰高孰低之分，对待双方的文化教育需要辩证看待。要在认识自身文化和教育的基础上，对外来文化和教育进行扬弃，以此来推进我国教育事业的发展。

（二）国内对于教育的转变

1. 转变教育观念

自我国传统文化流传下来的教育一直秉承着"尊师重道"的观念，传统教学侧重教师的"教"，教师对于课堂和学生的监控和掌握比较严格。传统课堂一般重教轻学，以教师为中心，教师的作用被无限放大，学生只是接受教师传递的知识。西方现代教育则提倡以学生为中心，比如，杜威在20世纪初提出的"以儿童为中心""以活动为中心"的教育理论体现了以生为本的现代教育理念；布鲁纳在20世纪五六十年代提出的"发现式学习"体现了"重学轻教"的教育理念。二者的教育理念为"以学生为中心"的建构主义的形成和发展打下了坚实的基础。

生命力较强的翻转课堂教学模式同样坚持"以学生为中心"，把课堂还给学生，这在翻转课堂的课外学习和课堂教学两部分中都有体现。在课外学习中，学生主要进行自主的线上学习，但是教师通过在线指导对学生进行引导的作用不能忽视。在课堂教学中，教师对于课堂的主导作用非常重要，但是学生的探究能力、发现问题能力和团队合作能力是学生真正吸收和内化知识的关键和重点。要想实施好翻转课堂教学模式中的课外教学和课堂教学，让课外学习和课堂教学这两个环节发挥出自己的作用，不仅需要教师充分发挥主导作用，对学生进行启发、指导和监控，而且需要将学生的主体性发挥出来，使学生变为课堂真正的主人，这就需要将传统的教育思想向"混合式"教育思想转变。"混合式"教育思想即是将教师的主导作用与学生的主体作用相结合,以 B-Learning 为标志。在混合式教学思想中,不仅拥有传统教学思想的优势,而且现代西方教学思想中的"以学生为本"的教育观念同样体现在其中。

教学观念的改变是新的教学模式实施的前提。翻转课堂教学模式的实行必须辅以相应的教学观念。教学观念是教师对于"如何进行教学"所做出的概括,一般来说,教学思想是教学观念的基础,所有的教学模式、方法、策略都是基于教学观念而产生的。由此可以看出教学思想的重要性。翻转课堂教学模式的实施既需要教师教学思想和教学观念做出相应的转变,又需要学生的学习思想和观念主动变化,这是一项艰难的任务。

2. 加强对翻转课堂的系统研究

翻转课堂教学模式在我国广泛传播后,各界学者对翻转课堂的研究热情越发高涨:研究翻转课堂的文章数量每年都在增加,报刊上登载翻转课堂的内容也越来越频繁。这体现了我国目前教育界越来越多地接受了先进的教学观念和模式并对其进行研究,但是目前对于翻转课堂客观比较、系统分析的研究数量较少,现状令人担忧。首先,教育行政部门对于翻转课堂召开的会议一般是资源共享、数字化平台打造、推进计划和决心等,只是停留在宏观层面;其次,学界对于翻转课堂的研究基本大多是针对教学设计、平台建设、模式建构等理论层面的问题,实际操作层面的研究较少;再次,翻转课堂会议的演讲者主要是教育行政部门的领导和学校的领导,实际实行翻转课堂的教师演说较少,翻转课堂的积极跟进者是信息技术人员而不是教师等教学人员;最后,一些学校直接将国外的翻转课堂实录翻译过来使用,或者直接抄袭示范学校的翻转课堂实录,不考虑国内和本校本班级的状况。虽然翻转课堂教学模式在今天已经被全世界广泛使用,但是源于美国的翻转课堂教学模式必定会带有相应的文化背景和历史原因,如果我们不对其加以改造就照搬过来直接使用,必然会出现事倍功半的效果,陷入机械模仿的困境。所以,只有对翻转课堂教学模式的建构之"本"、发展之"脉"、成功之"道"进行深刻、系统地研究,才能对其进行全面中国化,使其可以在中国更好地实行下去。要明白,对于翻转课堂教学模式的全面认识和研究不能一蹴而就,这是一个漫长的过程和严峻的挑战。

3. 探索新的教育评价体系

在现阶段,翻转课堂教育模式发展的桎梏是课程资源制作困难和教学评估体系不匹配等。全新的教育评价体系的构建对于翻转课堂教学模式在中国的实施非常重要。我国传统的教育评价体系一般都看重学生的考试成绩和学校的升学率，各阶段教育存在着评价方法简单、评价标准单一、评价技术落后的问题，学生的成绩是传统评价体系中最重要的部分。在这种背景下，学校的领导者、教师、学生乃至家长都对翻转课堂教学模式能否使孩子拥有更好的成绩持有疑虑。所以，与翻转课堂教学模式相匹配的教育评价体系的构建十分的必要，教育者要探索出一条能够使学生素质全面发展的全新道路和体系，这是赋予教师这个职业的真正职责。

第三节 基于翻转课堂的高校英语教学实施

一、翻转课堂教学方法

实际教学中的翻转课堂教学方法可以分为三个方面：课前教学内容的选择和制作、智慧的课堂导引、课后升华阶段。

（一）课前教学内容的选择和制作

学生自主学习的视频资源需要教师根据教学目的、教学内容、教学方法等来决定是从网络上寻找资源还是自己制作教学视频。从网络上寻找教学资源可以通过以下两个来源来进行：第一，理科公共课程资源；第二，中国国家精品课程、一些名校的公开课等。网络上的资源在节省教师制作视频课程时间的同时，也可以缓解教师上镜的压力，同样可以保证教育资源得到有效利用。教师自己制作教学视频虽然更耗费精力和时间，但是教师可以因材施教。比如，教师可以引入一些有趣的例子来激发学生的兴趣，在英语翻转课堂教学中，可以适当地加入一些较难的词汇和注释来促进学生加深英语的学习和英语相关知识的拓展；在制作视频时可以运用多种方式来提升视频的质量，如增强声音的感染力、运用修辞手法、控制视频的长度等。相较于在网络上寻找资源，一些信息技术素养较高的教师自己制作视频，虽然耗时耗力，但是效果可能更好。

（二）智慧的课堂导引

学生在课外自主学习视频的阶段非常重要，这一阶段能彰显出自主学习是否有效。前一天的课外学习将为课堂教学打下坚实的基础。在课堂教学中，教师需要根据不同的情况对学生进行针对性的讲授，因材施教才能使翻转课堂教学模式发挥出真正的作用。在翻转课堂教学开始之前，教师在制作和寻找教学资源时就将学生在学习中可能遇到的问题进行假设，在课堂教学中，教师对于学生提出的问题直接给出解答或让学生自主或者协作进行探究，通过教师的引导来解除学生的疑惑，在这个过程中，教师需要密切关注各个学生的学习情况，因材施教，教师的教育智慧也会在其中得到锻炼和加强。这样进行的课堂教学才是学生和教师所向往的课堂，才是能真正发挥教师主导性和学生主体性的课堂。

（三）课后升华阶段

学生在经历了课外自主学习和课堂教师主导的知识吸收后，对于教学的内容和知识点有了必要的把握，但是这些知识并没有系统地串联起来，只是孤立地存在于学生们的脑海中，不能应用到生活当中去。知识仅仅停留在认识的层面上是不会发挥作用的，进行学习时，应基于对知识的认识，对新的思想和内容进行批判性的学习，在原有知识的基础上广纳新知，建立完善的知识体系。学生只有在获取知识的基础上，辅以相应的技能，能够独立思考、解决问题，才能够真正地将知识化为己用。学生需要在了解知识的基础上懂得如何使用，而且要用得更加艺术、更加有效。在翻转课堂教学实践中，教师在设计课程时可以向学生布置课外拓展的任务，让学生可以在实践中体会知识的应用。通过对知识的反思和应用实践，学生在课后才能使知识真正地系统地成为自身知识体系的一部分。

二、翻转课堂的典型教学模式设计

教师设定课程教学目标、制订课程计划是传统教学设计的重要组成部分，在翻转课堂教学模式中，这两方面同样重要。此外，学生课外学习阶段通过教师提供的教学视频资源进行自主学习，学习后进行一定的测验进行评价。教师除了要给予学生课外学习的视频资源外，还要向学生说明学习的任务、目标等指引。另外，课后学生实践的活动也需要教师以视频或者其他方式向学生展示。学生在翻转课堂教学中的课外学习和课堂学习中，遇到问题都可以将自己不懂的问题记录下来询问教师或者与其他同学一同探究，解决问题。典型的翻转课堂教学模式的设计有以下五个流程：

1. 课前练习设计

教师对于课前学习的设计，应该体现学生学习的自主性。学生观看教师提供的视频资源，实现知识的初步认识和吸收。通过相应的课前练习来使学生了解自身对知识的掌握情况，从而找到自己课前学习的不足之处。

2.检测教学活动的设计

学生通过课外自主学习和课前的练习，对于自身掌握知识的情况有一定的了解。通过设计检测的教学活动，使教师能够了解学生的学习状况，从而能够对其进行针对性的指导。检测活动的难度不宜过大，这样能够保证学生学习的满足感。

3.针对课前学习内容布置作业

教师设计的针对课前学习内容所布置的作业的难度应该加大一些，以此来促进学生学习动力的增长，让他们能够更好地投入课堂知识的学习中。学生与学生之间的合作探究也十分必要，通过对遇到的问题进行探究，可以增强知识的理解程度，互助学习。

4.设计展示的教学活动

在课堂互助学习的基础上，教学设计的展示活动环节需要学生对于翻转课堂上所学的知识进行阐述，能够加深学生对于知识的理解与应用，对于还未掌握知识的同学，可以帮其进行知识的内化。

5.在成果展示的过程中，教师应给予及时的评价

在成果展示环节中，教师应该对学生的学习情况给予相应的评价和鼓励，学生也应该对自己的学习状况进行反思。

三、高校英语翻转课堂在实施过程中面临的问题和阻碍

（一）翻转课堂硬件设备不全

翻转课堂以现代化教学技术为依托。如果没有完好的硬件设备，翻转课堂只是一个摆设。但综观当今的高校英语教学，很多学校并没有完备的硬件设施，其不足主要体现在如下四个方面：第一，学校没有专职英语视频录制的场地和设备，阻碍了翻转课堂的顺利进行；第二，学校没有设立专业化的学习平台，学校信息化网络建设落后；第三，学生缺乏自主学习的英语资源；第四，信息化管理没有完善的管理制度。

（二）翻转课堂对教师信息素养要求较高

首先，在翻转课堂模式下的高校英语教学中，需要教师熟练使用录制视频的软件，并且需要完全隔音的录制环境。其次，在录制过程中，教师需要在网络上搜寻大量与视频相关的图片和资料，并根据课堂需要自行编排取舍，耗时耗力。而大多数高校英语教师对于录制、剪辑和截取视频并不熟练，这需要学校进行专

门的培训。再次，在翻转课堂中，教师由传统的课堂主导者变为课堂的协调组织者和管理者，这对教师的课堂管理能力和灵活应变能力提出更高要求。

（三）翻转课堂对学生自主学习能力有较高要求

高校英语翻转课堂教学模式整个过程的完成，需要学生课前自主观看教学视频并提出问题，然后在课堂展开小组讨论，教师则协助解决问题，这给学生带来更大的压力。因为翻转课堂强调的是学生的主体性和独立性，特别是进入大学之后，学生学习生活的自由度更高，但其学习的自主性越来越低。在课前自主观看视频时，由于缺乏老师的督促和指导，学生很难保持专注，在课堂上参与小组讨论的积极性也不高。并且，很多学生英语基础较差，不愿意开口表达，对英语活动缺乏兴趣，种种因素都对翻转课堂的实施造成阻碍。因此，高校英语教学要想借助翻转课堂这一模式得到质量上的飞跃提升，还需要教师结合学生的实际情况来探索新的教学策略，这样才能充分发挥翻转课堂的优势，提升学生的英语水平。

第五章 "互联网+"时代高校英语教学的总结与提升

本章内容为"互联网+"时代高校英语教学的总结与提升,主要分为两个部分加以论述,分别是"互联网+高校英语教学"实践中的问题总结和"互联网+"时代高校英语教育有效性的提升。

第一节 "互联网+高校英语教学"实践中的问题总结

一、高校英语基础知识教学问题

(一)语音教学问题

1. 教师教学中的问题

(1)教师自身发音不标准

学生学习英语语音的渠道可以分为两种,一是教师,二是互联网。教师的发音常常被学生模仿,在教师的指导下学生会形成发音习惯。教师的英语发音在很大程度上决定着学生的发音情况。在"互联网+"的背景下,学生可以通过网上搜索来寻找语音标准的发音,通过听力练习,可以矫正自身发音的问题。在传统英语教学中,教师对于互联网的使用有限,所以,教师的发音成为学生发音的重要参考,学生发音的一些问题难以得到纠正,学生的学习兴趣也提不起来。

(2)教师的语音意识淡薄

学生对英语语音学习不感兴趣,再加上一些教师的语音意识淡薄,并未对这种现象采取相应的措施,使得学生的语音水平越来越弱,有的学生甚至会放弃学习英语语音。而教师可能也会减小本来占比就很少的语音教学比重。这些都是教师语音意识淡薄的体现。

（3）部分教师不精通"互联网+"技术

随着信息技术的发展，"互联网+"技术被广泛应用在教学当中，高校英语教学也不例外。高校英语教学与"互联网"相结合，使多种多样的教学内容呈现在课堂上，学生对于学习英语的热情更容易被激发。但是，很多高校英语教师都是英语专业毕业，相对于他们的英语专业知识，他们对信息技术方面的了解并不多，所以对"互联网+"技术的运用不是那么得心应手，对于一些现代化的教学软件的运用也不熟练，所以可能在实际操作过程出现一些问题。举个例子，一些教师可能采取翻转课堂教学模式进行教学，而且效果较好，但是教学资源的制作是这些专业教师力不从心之处。所以，教师要了解先进的教学技术和手段，并对课堂进行有机创新，这样才能使高校英语教学真正提升学生的综合素质。

2. 学生学习中的问题

（1）母语的干扰

汉语和英语的发源不同，发展历程也不同，属于不同的语系。我国幅员辽阔，各地区有着不同的方言，音系的差别较大。汉语干扰英语语音教学主要体现在以下三个方面：

①英语和汉语发音的节奏不同，英语是依靠重音来发音的，汉语是依靠音节来发音的。

②英语和汉语发音的音调不同，英语是依靠语调来辨别音调的，汉语是依靠声调来辨别音调的。

③英语和汉语发音的重音不同，英语存在重音结构，汉语不存在重音结构。

由于汉语节奏、音调和重音等不同于英语，使得养成汉语发音习惯的学生在英语语音学习中遇到了困难，如对于发音相近的词语很难辨别。所以，母语对外来语言的语音学习有一定的干扰，会让一部分学生丧失学习的信心和兴趣。

（2）学生语调和节奏把握不准

在传统的英语语音教学中，学生一般来说都是根据发音规律来对单词进行拼读的，对语音的练习较多，而对语篇的语音和语调练习较少，甚至没有。这样就导致学生朗读时没有感情，语调过于单一，没有节奏感，但是背诵很轻松。对语调和节奏把握不准，同样会让学生失去学习英语的信心和兴趣。

（二）词汇教学问题

1. 教学方式陈旧

在高校英语教学中，词汇教学的方式采用传统的教学方式，教师领读单词，学生跟读，对重点词汇进行主要讲解，学生需要记忆大量的词汇。记忆是一种非常重要的学习方式，对于英语单词的学习也非常有效，但是，学习英语词汇毕竟是一件非常枯燥的事情，需要教师运用多样的教学方式来激发学生的学习兴趣。在传统的词汇教学方式中过于强调教师的"教"的作用，不利于学生主体地位的体现，学生在被动地学习词汇的过程中难免会产生厌烦和抵触情绪，不利于提升学生学习热情和积极性，也就不能提升高校英语教学的效率。高校教师要借助互联网，将新颖的词汇教学方法和条件引入课堂，促进教学方式的改革。

2. 忽视学生的主体地位

在现代教育中，学生的主体地位越来越被重视，但是实际落实起来仍然有着不小的阻力。现代教学理念要求教师由知识的传递者转变为学生学习的引导者，这就需要教师充分利用"互联网＋"技术，积极转变教学心态，发挥自身的主导作用和学生的主体作用。目前，高校英语教学中，传统的教学观念在英语教师中仍然占据着主要地位，在英语词汇教学中尤为突出。高校英语教师大都关注自己的教学成果，直接表现为关注学生的考试成绩，尤其是期末考试成绩。所以，他们向学生传授大量词汇含义、词汇搭配等知识，并没有考虑学生是否有兴趣、有需要，忽略了学生的具体感受，甚至有的教师只管"教"的过程，对于"教"的结果也不关心。学生普遍在义务教育阶段已经开始学习英语，到了大学后已经掌握相当一部分的词汇，因而大学的英语词汇教学需要把课堂还给学生，使学生自行思考和探究词汇搭配和词汇规律，学会如何学习。因此，教师应该在高校英语词汇教学中着重培养学生词汇运用能力和观察力、记忆力、想象力和创造力。

（三）语法教学问题

目前，大学英语语法教学的现状不佳，还存在许多的问题亟待解决，这些问题主要体现在以下三个方面：

1. 对语法重视不够

传统高校的英语教学中的语法教学也存在着弊端，很多高校英语教师对于英语语法并不是很重视，他们觉得英语语法对于学生来说并不重要，从而淡化对学生的语法教学。但是，在英语教学中，英语语法有十分显著的作用，学生在语法的帮助下能够更好地进行学习。另外，英语语法可以帮助学生更好地理解英语句子和短文，从而能够在英语学习中从容自若。所以，语法教学应该被高校英语教师重视起来，教师应当引导学生积极学习英语语法。

2. 教学方式单一

语法学习对于学生有着重要作用，由于语法学习较为枯燥，导致学生提不起学习语法的兴致。教师应先向学生传授语法概念和语法规则，学生在理解后进行语法的练习。在这个过程中，教师的这种单一的教学方式忽视了学生的主体地位，不利于学生语法能力的培养和学生学习兴趣、学习热情的激发。在"互联网+"的背景下，教师要在教学中应用信息技术，结合网络上的信息热点，用创新的教学方式教授英语语法，使枯燥的语法教学变得生动形象。

3. 忽视语言情景

在我国的英语教学中，学生一般很少有实际应用英语的机会，生活中也没有合适的语言情景。英语语法需要应用在交际当中，语法的学习是服务于语言的交流的。但是目前我国学生语法的学习大都是在汉语环境下，而且教师在教授时常常把语境和语法的知识、功能割裂开来，导致学生不知道在某种语境下使用何种语法。在这种情况下，学生既掌握不了英语语法，也运用不了英语语法。

二、高校英语技能教学问题

（一）听力教学的问题

1. 听力教学内容匮乏

随着科学技术的发展，知识的更新速度也在日益加快，甚至远远超过了教材的更新速度。一些教师在教学过程中，缺乏变通和创新思维，一味局限于教材，导致教学内容比较匮乏。而且，学生希望在互联网时代通过信息技术获取更多的信息和知识，要想满足学生的需求，就要在教材的基础之上，对英语听力教学的内容进行拓展。

2. 听力教学评价体系有待改善

教学评价是教学中的一项重要环节，听力教学评价主要由教师对学生的平时评价和期末成绩组成。我国高校对学生的教学评价中期末成绩占比相对较大，平时成绩几乎是可以忽略不计的。所以只有提升平时成绩在教学评价中的占比，学生才能更好地进行听力的学习。

3. 听力教学目标和模式单一

目前，很多课程的设计仍然是为了学生在考试中取得名次，听力教学也不例外，单一的教学目标使题海战术在听力学习中占据主导地位，乏味的教学模式使学生提不起兴趣。

4. 大班授课制存在问题

大多数高校实行的是大班授课制，英语听力教学也不例外。由于高校教师人数有限，因此无法对学生因材施教。

（二）口语教学的问题

1. 口语教学时间有限

英语教学的时间是固定的，然后还要将英语教学的时间分配到"听、说、读、写"上。加之某些高校英语教师认识不到口语在英语教学中的重要地位，英语教学中"说"所占的时间比重更小，而且英语教师对单词、句法和短文的讲解占据了口语教学的大部分时间，所以，留给学生练习口语的时间就很少了。由于高校英语教师的认识偏差，口语教学仅仅作为整体英语教学的一部分而存在，不能真正独立出来，同时，口语教学需要大量的练习时间才会有口语能力上的提升。所以，在有限的教学时间中，口语教学的效果和学生口语能力的提升是有限的。

2. 对口语能力重视不够

全球化的发展在带来经济交流的同时，也使得各国社会文化间的交流越来越频繁。英语是世界上使用最广泛的语言，其地位不言而喻，要顺应全球化的潮流，英语的学习是十分必要的。但是实际上，在高校英语教学中，对口语能力的重视程度明显不够。一部分高校英语教师认为，口语能力的培养较为困难，不值得付出太多的精力去学习，英语学习只要会读、会写就可以了。这些错误的教育思想和观念让学生也不重视英语口语的练习，学生的口语水平得不到提升。

3. 学生压力大、不愿开口

在以往应试教育的背景下培养的学生英语水平差异较大，相当一部分学生英语口语能力较差。这些学生由于生理因素、心理因素、家庭因素、文化因素等影响导致口语能力差，所以在高校英语学习中更加不愿意开口，怕被其他同学嘲笑。

（三）阅读教学的问题

英语阅读教学的地位在整个英语教学体系中举足轻重，是我国英语教学的重点和难点，并且依然存在着一些问题。

1. 学生方面

（1）阅读的动力不足

在义务教育和高中教育阶段，学生的学习有教师和家长的督促，在这种情况下，学生的学习动力是为了高考。到了大学之后，一部分学生没有了教师和家长的督促，便没有了方向。这些学生的学习动力不足，阅读动力不足，而且，篇幅过长或者难度较大的文章也会降低学生的阅读兴趣。

（2）词汇量和阅读量小

英语阅读能力的提升需要积累词汇量和阅读量。词汇量是阅读能力培养的基础，英语短文由句子组成，句子由单词组成，要想理解一篇英语短文，首先要理解短文中单词的含义。所以词汇量在英语阅读中是非常重要的，没有足够的词汇储备，空有阅读技巧，是不可能完整地阅读一篇短文的。大学英语要求学生掌握的词汇比之前的教育阶段有很大程度的增长，而且有些词汇词义相近，但是使用要求不同，单词的近义词也增多，对学生词汇量的增长提出了挑战。足够的阅读量是阅读能力培养的前提，掌握了英语词汇量再进行大量的阅读，可以有效提升阅读能力。阅读量和词汇量二者互为补充，二者共同促进阅读能力的增长。

（3）文化背景知识的缺乏

美国和中国在文化方面差异过大，一些英文原文由于作者的思想和西方的社会背景，必然会带有一些不符合我国价值观的内容，所以需要学生在阅读这些短文时要坚定自身的立场。对西方文化有充足的准备和认识后，再通过了解西方的文化背景来深入阅读英文短文。举个例子：

The eagle always flew on Friday.

这句话每个单词的意思不难理解，直译成汉语为"老鹰总是在周五飞回来"。但实际上这句话并不是要表达这个意思，在美国文化中老鹰是美国的象征，这一点在美国的货币上有所反映，这句话真正要表达的是"美国人总是在周五发工资"。所以，如果对美国文化不是非常了解，就会在阅读时出现一些纰漏，不能真正地理解语义，英语原文阅读也就无从谈起了。这个例子充分地说明了文化和社会背景对于英语阅读的重要性。

2. 教师方面

（1）课堂上教学模式相对落后

如今，虽然先进的教学理念已经被各个高校所重视并采纳，但是一些英语教学课堂上的教学模式仍然相对落后，先进教学理念的落实是一项艰难的工作，在现在的高校英语课堂阅读课程中，仍然存在着教师在讲台上孜孜不倦地讲授知识，学生在下面认真听讲，然后做好笔记的现象，在这样的课堂上，师生间的互动较少，学生的阅读兴趣很难被激发，阅读能力的提升也就无从谈起了。陈旧的教学模式会使学生养成陈旧的学习习惯，缺乏思考和创新的能力。

（2）缺乏课外监督

学生在大学时期有许多课程要学习，分配给各学科的学时有限。对于英语阅读来说，学生大多数需要在课外完成阅读任务，但是由于受传统的教学思想的影响，学生更习惯于在教师的督促下完成，对老师有一定的依赖，由于高校教师不可能像高中那样时刻都紧盯着大学生，所以一些自制力和自主能力较差的学生可能就不能完成作业或者完成的质量较差。课外监督的缺乏，使学生的阅读水平和阅读能力难以真正提高。

（四）写作教学的问题

1. 写作课程设置不科学

大学在进行英语教学时所设置的总课时是提前就规定好的，课程也是按照课时安排的，所以若想每周都安排写作训练，实际操作起来存在一定的难度。可以做到的就是在尽可能短的时间内适当安排写作课程，这样就会引起师生对于写作训练的重视，对于学生写作技能的提高大有好处。

2. 教学方法与学习要求不适应

随着大学英语教学改革进程的推进，传统的教学方法已经跟不上学生需求的步伐，这使得一部分学生在实际的学习中无法运用所学，因此也写不出内容充实的文章。长此以往，学生就会逐渐失去写作学习的兴趣，而使其写作能力得到提升也将会是难上加难。

3. 教师方面的问题

在英语写作教学过程中，从教师的角度来说所面临的问题主要有以下两个：第一，教师自身就没有把写作放在教学中的重要位置上，主要倾向于应试考试，旨在提高学生的应试能力。第二，诚然，在全国范围内的各大高校正在紧锣密鼓地进行英语教学改革，但是传统教学方法也并非一朝一夕就可以转变过来，目前课堂活动依然是以教师为主的，虽然教师在课堂上滔滔不绝，但学生真正接收到的信息或者是感兴趣的很少，这会影响学生的习作能力的有效提升。

4. 学生方面的问题

除了教师的影响外，学生自身的问题也是限制英语写作水平提升的重要因素，具体表现如下：第一，部分学生依然依靠教师的讲解去解决问题，而不是自己主动去将问题解决，他们受传统教学模式的影响是根深蒂固的，从而影响了自主学习能力的发展。第二，受母语负面影响比较严重，有时也将其称为"负迁移"。第三，中西方文化间的差异还是比较明显的，这也成了制约学生写作能力提升的重要因素。

三、高校英语文化教学的问题

文化不同，语言也会随之变化。作为文化的载体，语言和文化本身密切相关。在跨文化交际教学中，高校英语教学的文化知识对于学生来说一直非常重要，在传统的英语教学中，教师为了让学生了解西方文化，会为学生介绍英语文化知识和社会背景。在"互联网+"的背景下，高校英语教师应该同时将文化观念和文化态度纳入到教学内容中。

（一）频繁的跨文化接触

经济全球化使世界的联系更加紧密，在"互联网+"的背景下，出于多种目的，不同地区的人全国交流的频率越来越频繁，跨文化交际也就随之增多。早期交往形式以民族化为特征，是人与人之间、家庭与家庭之间的交往，现阶段的交往形式包括地域化和国际化的特点，是民族与民族、国家与国家之间的交往。自古以来，国家与民族兴旺的标志之一就是与国外频繁地接触交往，文化教学也随之产生。

（二）出现了"中国文化失语"现象

目前，在我国的英语教学中，存在过度依赖语言的工具性学习的现象，各个层次的英语教学都是以分数为评判标准，忽视了对学生的人文教育和德育。在高校英语教学中，人文教育内容的缺失是因为教育中人文性教育少，有的教师忽略了中国文化，而且应试教育看重学生的英语应用能力。此外，师范类高校的英语师范生的学习内容中缺乏对我国文化的学习，导致师范生的人文素养低下，对我国文化的了解不足。而英语教师只有具备中国文化修养，才能担负起培养英语人才的重任。

（三）存在跨文化冲突

在全球化发展的今天，跨文化交际在各个领域频繁发生，不同文化、不同背景、不同语言的人们进行着比之前更为深入的跨文化交流。世界在经济全球化的趋势下呈现出整体性。基于此，人们发现跨文化交际不再是简单的对双方语言进行翻译，而应该是对目的语文化和背景进行了解。伴随着跨文化交际出现的是跨文化冲突，不同文化之间的交流越多、层次越深入，摩擦就可能越来越大，交际的形式可能就越严峻，跨文化交际中的摩擦长期累积就会形成跨文化冲突。摩擦和冲突是经常存在的，跨文化交际中的摩擦和冲突是不同文化之间因交流而产生的分歧，所以我们要正确认识语言双方的文化差异，减少和避免跨文化冲突。

1. 普遍性

跨文化冲突普遍存在于各种文化层面。在文化的价值观、生活方式和制度等多个层面都可能发生跨文化冲突。价值观的不同是跨文化冲突产生的根本原因，生活方式和制度是价值观的外在表现。所以，厘清价值观的跨文化冲突，有利于正确认识生活方式和制度等层面的跨文化冲突。

2. 尖锐性

（1）激化程度不断加强

长期存在的跨文化冲突如果没有得到缓解，那么经过反复可能会激化出跨文化对抗等。

（2）爆发性逐渐增强

跨文化交际中的摩擦随时可能发生，"千里之堤，溃于蚁穴"，直接导致跨文化冲突出现的可能是一件不起眼的小事。当摩擦达到一定的限度后，大规模的跨文化冲突就不可避免了。

3. 复杂性

基于文化自身的复杂性，跨文化交际涉及双方语言的文化背景等多方面的内容，所以跨文化冲突也具有复杂性。不同文化之间必定有着差异，假如双方都对对方的文化保持尊重的态度，跨文化冲突就可以在很大程度上避免。文化差异会导致不同文化之间的摩擦，但是并不一定导致跨文化冲突出现，当一种文化试图同化另一种文化而强制地消除文化差异时，文化冲突就不可避免地出现了。不同的文化想要取代对方，跨文化冲突就会演变为对抗，所以，在全球化的今天，需要尊重不同的文化，消除文化冲突，不能持有消除差异的思想。

4. 长期性

跨文化冲突具有长期性，而且其影响也是深远的。跨文化冲突可能会消失，也可能在消失后又重新出现。一些已经消失了的跨文化冲突的影响是长期存在的，跨文化冲突引起的负面情绪在一些情况下集中爆发，形成范围更大、持续时间更长的跨文化冲突。为了避免已经存在的跨文化冲突催生出新的跨文化冲突，应该极力地弱化和减少现存的跨文化冲突。

全球化的今天，文化交流日益增多，不同文化间的差异必然会引起一些跨文化冲突的出现。在如此严峻的文化形势下，人们要寻找解决文化冲突的方案，其中创造新文化来消除跨文化冲突、实现文化之间相互尊重、共同发展是行之有效的一种手段。基于此，联合国提出了"跨文化教育"，提倡跨文化对话，组织实践了"跨文化教育",以期实现跨文化冲突的消除。跨文化教育有着巨大的潜力,对于跨文化冲突的消除有着巨大的影响力。

第二节 "互联网+"时代高校英语教育有效性的提升

一、高校英语基础知识教学有效性的提升

(一)语音教学策略的有效性的提升

1. 听音模仿

在高校英语教学中,语音系统学习的主要方式是听音模仿。教师的发音是学生语音学习的重要标准。教师的英语发音和技能决定了学生语音学习的效果好坏,所以教师需要在规范自己的英语发音、提升能力的同时,将这一点好好利用,教师在进行语音教学时,让学生在听清、听懂的基础上观察教师的口型,模仿教师的发音口型和方法进行练习。此外,教师再对发音的要领进行讲解,促进学生更好地进行语音学习。举个例子,教师在英语口语教学时,向学生传递音标的知识。首先要学生熟悉发音的器官,了解发音的方法和部位;其次教师发出规范的声音让学生仔细观察是怎样发音的,注意一些细节,如嘴唇的开合程度等;最后让学生进行练习,掌握发声的正确方式。在"互联网+"的背景下,教师需要采用新型的课堂教学模式,在课堂上教师用来教授发音基础知识的时间不多,所以,教师可以将自己的发音方式口型制成教学视频,使学生通过网络教学资源的方式来学习,同时还可以对着镜子练习来修正自己的发音口型。在学生掌握了发音的方法后需要经过反复的练习来巩固。

除了基础的发音练习外,高校英语教师可以制作国外原声的发音视频供学生进行听音练习,同时教师也可以根据学生实际演练中出现的发声问题进行指导。

在听音模仿中,不只有单音模仿重要,重音模仿、语速模仿、情景模仿、情感模仿和节奏模仿同样重要。

2. 拼读训练

高校英语教学的拼读训练可以提升学生的发音认识和能力,要求学生掌握和读出单词中字母的发音。在"互联网+"背景下,教师进行拼读教学时应该先易后难,首先让学生从熟悉的内容开始学起,如元音字母、元音音素和单音节词;

然后到对双音节词、多音节词的学习，在这里教师需要让学生注意重音的问题。经过长久的拼读训练后，学生才能够依据音标正确发音。

3. 对比训练

在"互联网+"背景下，教师在进行英语语音教学时，可以采用对比训练的策略让学生对于语音学习有更好的理解。在学习外语时，汉语的语言习惯有时会被运用到英语中，这是一种坏习惯，是一种负迁移。举个例子，有的学生有时会混淆汉语复韵母的发音和双元音，针对这种情况，英语教师需要向学生解释汉语复韵母的发音和双元音的概念、区别和联系，然后进行针对性的训练来养成良好的习惯。另外，学生发音的训练也可以运用英语发音中的最小对立体。一般来说，我们把只有一个音位不同且意义有差异的单词叫作最小对立体。运用最小对立体的方法能够帮助学生牢记语音和语义，同时也有益于提升学生的听力和阅读能力。

（二）词汇教学策略有效性的提升

教师可以在互联网技术发达的现在，运用互联网技术对学生进行词汇的训练和教学。新的教学理念、教学方法会产生新的教学效果，具体来说，在"互联网+"的背景下，词汇教学的策略有以下两种：

1. 利用语料库展开词汇教学

（1）使学生在语境中掌握词汇具体用法

与语境相关的实例在英语语料库中有很多。在具体语境中进行英语词汇的学习会使学生的词汇学习更加简单、容易。学生通过在语料库的语境相关学习中，可以了解到词汇的使用频率、使用方法，了解高频率词语的各种具体使用方法和语言现象，而且学生在具体语境中注意力也会更加容易集中，可以对相应的词汇运用规律进行归纳总结。举个例子，教材给 outline 这个单词的注释是"概要、轮廓、外形"，在实际应用中，教师可以在语料库中进行检索，找出其应用的几种使用方法和使用频率，或者让学生自行检索。通过检索，学生知道 outline 这个单词既可以作动词，也可以作名词。在实际教学活动中，教师要先示范语料库的正确使用方法，让学生学会如何使用。通过语料库的使用，学生的自主学习和动手能力得到了提升。

（2）对近义词以及同义词进行检索

习惯了汉语语言的使用方式，在学习英语的过程中不可避免地会出现一些困境。在近义词和同义词的使用方面，我国的学生普遍会存有较大的疑虑。通过在语料库检索同义词、近义词，可以帮助学生更好地理解同义词、近义词，然后总结出相应的规律进行实际运用。举个例子，damage 和 destroy 这两个单词，它们都有"摧毁、毁灭"的意思，是一对近义词，为了方便理解，可以先在语料库中对 damage 和 destroy 进行检索，具体分析二者的使用方法，从而理解这两个单词的不同之处。同样的，也可以用语料库检测多个意思相近的词语。学生进行词语的检索有助于学生自主学习意识和能力的提高。

（3）在检索过程中了解不同词汇搭配

词汇搭配在英语词汇教学中有非常重要的地位。词汇搭配的正确习得可以极大地提高学习者的语言水平，具体表现为输出更准确、更流利、更得体、更高效、更深刻。研究词汇搭配的学者认为，词的搭配、语义选择等存在着十分密切的关系，它们实现了对词汇组合以及词义的表达，其中最为普遍的是动词搭配名词。举个例子，trend 这个单词有"趋势、倾向"的意思，将这个单词在语料库中进行检索，可以发现与它有关的词语搭配包括但不限于 development trend、trend up、short term trend 等短语，可以看出 trend 有多样的使用和搭配方法。通过语料库的使用，学生不仅可以了解到更多的词汇搭配，而且可以将学习中习得的词汇搭配与语料库中的词语搭配相比较，从而更新自己的英语学习认知，更好地进行词汇学习。

（4）进行词汇的复习与巩固

除了上述说到的使学生在语境中掌握词汇具体用法、对近义词以及同义词进行检索、在检索过程中了解不同词汇搭配外，英语语料库在词汇教学中还可以对学生进行词汇的巩固。巩固的方式有很多，这里以练习为例进行说明。语料库中检索出的内容可以作为练习题，练习题的形式多种多样，如选择题、判断题、填空题等。教师隐藏语料库中检索出的部分内容，让学生将正确答案填到隐藏的部分。语料库资源的丰富性使教师能够根据学生的学习阶段和学习情况进行习题的选择。

学生也可以自主地应用语料库对学过的一些知识进行巩固，同时拓展已知词汇的课外内容。语料库内容的丰富性使学生可以根据自身的学习情况进行有针对性的练习。此外，由于语料库内词汇的应用范围远大于教材，所以学生可以更好地理解词汇在实际中的使用。

运用语料库进行英语词汇的学习也是对国家"互联网＋教育"的响应。通过对语料库的使用，能够在促进学生英语水平提升的同时，提升学生的信息技术素养，实现全面发展。

2. 讲授词汇记忆方法

对于词汇的掌握和使用来说，词汇量的增长非常重要。词汇量的增长很大程度上是要靠记忆来实现的。教师根据词汇理论向学生讲授记忆词汇的方法是行之有效的。记忆词汇的方法有以下三种：

（1）归类记忆法

按照词根、词缀归类。词汇的记忆非常枯燥且没有捷径。通过一些方法可以有效提升记忆的效率，如通过词根、前缀和后缀的记忆来扩大词汇量，降低词汇记忆的枯燥感。举几个例子：

re-（表示"再、复"）：remake（重做），react（反作用），reconsider（重新考虑），rebuild（重建）。

sub-（表示"下、次、分"）：submarine（潜艇），subheading（小标题），subway（地下铁道），subnormal（低于正常的）。

英语交际中的话题多种多样，可以对某一话题的有关词汇进行归类，让学生形成系统的词汇学习方法，对某一题材的词汇进行系统的认识和记忆。这样的记忆更加系统、有效。举个例子，与"A Pupils Day"这一话题有关的单词有"get up、read、go to school、go to bed、watch TV"等。

（2）联想记忆法

联想记忆法是词汇学习中的一种重要方法，以某一词汇为中心，然后发散思维，联想出与这个词汇有关的词汇。联想记忆法不仅可以提升词汇量，还能提高记忆的效率，同时还可以培养发散思维的能力。举个例子，meal这个单词的意思是"早（或午、晚）餐"，与之相关联的词汇有"meat、vegetable、supper、lunch、chicken、milk、rice、noodles、bread、soup、pork、cabbage"等。

（3）阅读记忆法

词汇记忆还有一种有效的记忆方法，叫阅读记忆法。这种方法不仅可以使学生有效记忆词汇，而且可以加深学生对词汇的理解，同时让学生理解词汇在实际情景中的使用方法。阅读可以分为泛读和精读，泛读可以进行无意识的记忆，精读进行的是有意识的记忆，泛读与精读相结合可以让学生加深对学习过的词汇的记忆和理解，更好地提升词汇量和词汇运用能力。

（三）语法教学策略有效性的提升

在"互联网+"的背景下，为了提升英语课堂教学质量，教师可以采用现代化的教学技术和教学方法，对以往教学模式进行改良，以改变传统的教学现状。

在高校英语语法教学的实践中，高校英语教师可以采取以下两种方法进行教学活动：

1. 翻转课堂教学法

在英语语法教学中，课外的学习至关重要，恰好翻转课堂教学模式十分关注学生课外的学习，翻转课堂教学模式的理念与英语语法教学不谋而合。在语法教学中应用翻转课堂教学模式，可以分为以下六个流程：教师课前准备阶段、学生课前学习阶段、教师与学生课前互动阶段、学生课堂检测阶段、学生知识内化阶段和学生知识巩固阶段。采用分阶段的翻转课堂教学模式来进行语法教学，能有效提升教学质量和效果。

2. 三维教学法

在传统语法教学中，教师的教学方法一般可以分为两种，一是注重语言运用的教学方法，二是注重语言形式或语言分析的教学方法。在传统教学中这两者教学方法一般是剥离开来的，但是学者们经过实践后发现，将二者有机结合后的教学效果更加明显。从语言交流的方面来说，语法是各种形式的集合，同时语法结构有句法的形式，可以用具体的语境表达语义，这三个方面分别为形式、意义和用法。

三维教学法是由美国学者拉森·弗里曼（Larsen Freeman，1995）根据 From，Meaning，Using 三个维度提出的，弗里曼有机结合了语言的形式和用法。三维教学法包含以下步骤：

（1）热身运动

这一步骤需要对上次学习的重点进行复习，然后采用一些新颖的模式使学生了解将要学习的内容，新颖的载体有助于激发学生的学习热情、调动学生的背景知识。

（2）发现语法

这一步骤主要发生在课堂上，是通过教师的讲解和指导，学生发现和学习语法。

（3）学习形式

学习形式是基于语法，并用语法结构的形式来归纳总结语法规则。在教学实践中，需要学生通过阅读教材找出类似的结构和形式。学习形式为之后的理解、应用、操练规则做好了准备。

（4）理解意义

这一步骤的目的是加深学生对语法项目的认识和理解。理解意义需要教师设计以意义理解为主的活动，为后面的英语语法打好基础。

（5）应用语法

作为三维教学法的最后一个步骤，应用语法需要教师为学生设计能够掌握语法规则、提高其语法应用能力的能够助力学生思维发展的交际性强的任务。

教师可以根据学生的水平和教学情况对三维教学法的步骤进行调整。

二、高校英语教学模式有效性的提升

（一）集体教学模式

与传统教学模式相比，集体教学模式与之非常相似，二者的主要教学形式都是教师在一定的空间（教室内）对学生传授知识；集体教学模式不同于传统教学模式的一点是教师要利用多媒体技术和信息技术备课，然后将课程内容在课上以视频等形式展现给学生。集体教学模式中的教师仍然有着比学生更重要的地位，这一点与传统教学模式无异，多媒体技术和信息技术只是起到了点缀的作用，这已经违背了多媒体教学展开的初衷。

为了区分传统教学模式和集体教学模式，调动学生的学习兴趣，需要教师在使用这一教学模式时单独使用某一个多媒体资料。举个例子，可以将音频或视频等多媒体以小影片的形式呈现英语教学内容。这样的教学方式在形式上能够吸引学生注意力，弱化教师在教学中的主体地位。这种教学模式相对于传统教学模式更易于学生在脑海中形成具体的认知，增加了教学的深度。集体教学模式改善了教学质量、提高了教学效率，使高校英语教学更加有效。

在集体教学模式中，教师为了使学生学习更加积极，可以对采取的多媒体教学技术进行分解，只使用一种功能进行教学，举个例子，可以单独使用只具有带来听觉享受的音频资源或者有增强视觉冲击效果的视频材料和幻灯片来向学生展示教学相关内容。这种教学模式摆脱了传统教学模式中教师讲、学生听的教学方式，但是教师仍然需要指导学生进行学习，不过不同于传统教学枯燥的教学模式，教师可以利用多媒体材料激发学生的学习兴趣和学习热情，使其学习自主性增强。通过使用多媒体技术进行教学，教师的教学成本变小了，但是教学效率提高了，这同样有有利于促进最终教学效果的实现。

（二）个别化教学模式

传统教学模式的教学效果差，其中一部分原因是没有考虑到学生的个体差异性。个别化教学模式需要高校英语教师在教学实践中以学生为中心，根据学生不同的学习能力、学习兴趣和学习进度制定差异化的教学目标，进行针对性的教育指导。传统教学模式的统一性不能统筹学生的学习进度，如学习能力差的学生会认为教学内容难度大，而放弃学习；学习能力强的学生认为学习内容难度小，而上课不集中精神。所以，教师需要因材施教，从学生的差异化的学习情况出发，制定与学生自身学习情况相匹配的教学策略和教学方式，才能更好地进行差异化教学，使学生能力得到更好的提高，教学成果更好地展现。

个别化教学模式需要教师基于不同学生的基本情况，从学生真正的需求出发提供相应的教学资源、制订学生的学习计划。只有真正地以学生为中心，才能保证教学模式不偏离真正的主体。在个别化教学模式中，教师根据学生在学习过程中遇到的问题进行针对性的指导和反馈。教师在对学生进行一些个别化教学时，学生基于自身的英语水平有相对的自由来选择英语教材。另外，学生学习过程中教师的监督作用非常重要。

此外，得益于信息技术广泛应用，学生在课外可以在网络图书馆搜集需要的英语材料，在课外学习中将不会的知识通过网络与教师在线交流，从而使问题得到解决。

（三）支架式教学模式

作为一种比较新颖的教学模式，支架式教学模式对"教师是知识传授者"提出了质疑。支架式教学模式认为学生学习的知识是在多媒体资料和英语环境双重作用下构成的一种意识上的建构方式，而非教师传授而来的。

支架式教学模式是对教师教学过程的一大考验。在支架式教学模式中，与知识结构有关的框架需要在学生的认知体系尚未建立时构建出来，然后再根据框架和一定的原则实施支架式教学模式。教学模式的选择和使用都是为了提升学生学习效率和教学效果。支架式教学模式的使用有如下五个步骤：

1. 知识框架的构建

知识框架的构建是支架式教学模式首先要进行的流程。在知识框架的构建中，教师的任务是在相应的教学要求下，将教学计划合理地制订出来并呈现给学生。值得注意的是，为了促进教学过程流畅地进行下去，教师需要协调其中的各个教学因素，保持和谐和稳定。

2. 进入问题情境

教师可以通过多种方式来创建问题情境，进入问题情境后，教师可以充分地利用多媒体技术来进行教学活动，并且可以按照已有的资料基础给学生建立一个类似真实环境的场景，最后按照所处的环境来设置相应的问题。值得关注的一点是，这一步骤需要注意将学生的视听感官和学生的思考结合起来，使学生形成自主学习的习惯。

3. 学生独立探索

进入问题情境之后，教师开始引导学生独立解决问题和探究问题。在这一步骤的开始阶段，教师的指导作用占据很大的影响，并引导学生向正确的方向发展。随着这一步骤的深入，学生的自主性就得到了发挥，教师的指导作用的影响变小，学生慢慢地会适应自主学习和探究的方式，对于知识框架的应用变得越来越得心应手。

4. 组内协作学习

经过知识框架的构建、进入问题情境和学生独立探索环节后，学生进入组内协作学习。组内协作学习这一步骤已经基本完成学习内容的建构了。作为学习的层面之一，组内协作学习是教师按照需求将学生分为多个小组，进行组内的学习和讨论，经过讨论之后，学生基于商讨的结果做出比较全面的总结和陈述。

5. 教学效果评价

作为支架式教学模式的最后一个步骤，教学效果评价的过程较为复杂，包含教师对学生的学习效果的评价、生生互评以及学生的自我评价三个部分的评价。教学效果评价的内容也非常丰富，我们以教师对学生的学习效果评价为例，教师可以依据学生在模式构建中所作出的贡献进行正面的评价，也可以对学习提升较大的学生给予表扬。

三、高校英语教学方法有效性的提升

（一）引导学生自主学习的必要性

1. 资源使用不够便捷

很多高校的网络教学资源只能在教学平台阅读和使用，而网络教学平台多数都设置在自主学习中心和图书馆内。在宿舍或其他区域无法连接到学校的教学平台，无法发挥出网络教学资源的真正效用。现阶段的网络教学平台没有在现代信息技术的帮助下改变教学资源分散、孤立地状态，实现教学资源的整合，同时也没有实现随时随地学习的目标、不能共享和不能快捷使用。

2. 学习处于孤立状态

高校网络教学平台只有在特定的地点才能使用，同时网络平台上的教师指导和辅助只有在平台上才能真正帮助到学生。脱离了高校的网络教学平台，师生互动、合作学习、生生互动难以实现。高校网络教学平台的人力资源和物力资源都没有应用得当，信息技术没有为高校英语学习创设良好的环境，学习主体处于孤立、失语的状态。

3. 学习资源形式单一

相当一部分学校的自主学习中心的学习资源匮乏，只提供电子学习材料。这些学习中心只是为学生提供一个网络学习平台，而且是提供形式、内容单一的学习资源，甚至有的高校的自主学习中心没有智力和技术支持，有的还没有指导教师来指导学生。

（二）新型自主学习模式的结构与功能

新型自主学习模式由虚拟学习环境下的自主学习和合作学习、虚拟学习环境下固定群合作学习、虚拟学习环境下扩展群合作学习三种学习方式组成。这三种学习方式的教学目的、学习群体和学习资源有所不同，它们的功能如下：

1. 自主学习和合作学习

虚拟学习环境下的集成自主学习和合作学习是由固定群的成员以配合课堂教学为目的、借助于校本学习资源、以自主学习方式开展的学习活动，可用于完成语言文化类、专业英语类、语言应用类、综合英语类等适合于自主学习的项目。固定群包括教师和学生，可以按自然教学班为单位设置，也可以打破自然班根据学习科目进行设置。校本学习资源由学校提供，也被称为直接学习资源。校本学习资源中包含教学平台提供商提供的教学平台、出版社提供的与教材配套的数字资源和教师配合课程制作的教学课件和其他学习材料，与大学英语教学有着紧密的联系。

2. 固定群合作学习

固定群合作学习在虚拟学习环境下表现为以固定群为单位的合作学习活动，固定群合作学习的资源主要是校本资源。固定群合作学习用来辅助自主学习和课堂教学，是与自主学习和课堂教学互动的一种形式。解决学生个体在自主学习过程中和课堂学习过程中遇到的问题是固定群合作学习的主要目的。同时，教师可以为固定群指派合作学习的制定任务，比如，以项目为依托的学习任务、以问题为依托的学习任务等。教师为固定群指定的任务有利于学生之间交流的增进，同时也有利于交际语境真实性的提升。综上所述，固定群合作学习是学生完成教师依据不同的教学目的设计教学项目的方式，同时，固定群的合作学习可以通过网络教学平台的多方语音对话和视频功能实现只有自身才能实现的教学目的。所以，我们也可以将固定群合作学习当作自主学习和课堂教学的延伸。

3. 扩展群合作学习

扩展群包含人和愿意通过互联网参与合作学习的个体或组织，扩展群包括固定群。在虚拟学习环境下，扩展群合作学习指的是在互联网参与合作学习的扩展群利用互联网的学习资源进行的合作学习活动。互联网的学习资源不同于校本资源，一般来说包括两种形式，分别是以学习社区形式出现的虚拟学习环境和以学科、知识点和主体为标准的专题学习网站，其中，虚拟学习环境包括英孚教育机构的 English Town 和 Second Life 等。校内的网络学习平台可以为固定群提供相应的校外学习资源的链接。扩展群与固定群一样，也具有合作学习的延伸和辅助作用，而且扩展群的学习者可以用平台交互功能和互联网学习资源进行英语交际训练，这为学习者提供了真实的英语交际环境。扩展群合作学习是国内语言学习环境的补充。

4. 新模式功能

自主学习和合作学习、固定群合作学习、扩展群合作学习的学习功能具有相对的独立性，而且三者相互依存。新型自主学习模式的流畅运转需要三个系统来实现，分别是学习资源平台、交流反馈系统和监控指导系统。

作为整个教学模式的资源支持系统，学习资源平台的功能是为学习者直接提供校本资源，通过链接等方式提供校外互联网学习资源。

交流反馈系统的功能则是为三种学习方式提供同步交互的功能和异步交互的功能。这三种学习方式的活动大多是通过同步交互实现的，少部分是通过异步交互的功能实现的，举个例子，固定群合作学习中的学生可以将自主学习或课堂学习中遇到的困难等发布在网络平台上，固定群的其他成员可以就发布的问题进行讨论和探究。交流反馈系统作为整个新型自主学习模式的关键性技术支持系统，为学习者们提供了交互的媒介。

作为学习活动的保障系统，监控指导系统的作用体现在：首先，为平台的使用者、学习者提供使用方法、策略指导；其次，为教师提供一定的手段，使教师可以对学习过程进行干预和引导；再次，教师可以借助监控指导系统对学生学习情况进行监管；最后，为教师提供了学习绩效管理工具，学生通过学习绩效管理工具向教师呈现出学习效果，教师通过此工具产生形成性评价。

虚拟学习环境下的新型自主学习模式集合了自主学习、合作学习、固定群合作学习、扩展群合作学习四种学习方式，它不仅是一个自足系统，也是一个开放系统，因此，新型自主学习模式的学习群和学习资源的扩展性很强，兼容性好。

四、高校英语技能教学有效性的提升

（一）听力教学策略的有效性的提升

1. 听英语通知

在公共场所我们经常会听到很多的通知，通知在我们生活中扮演着重要的角色。在高校英语教学中，教师通过收集英语通知的教学资源，让学生体会实际生活中的英语应用，可以有效提升学生英语听力学习水平。在全球化的当今社会，高校学生有更多机会出国留学，在机场等地区能够听到各种各样的英文通知，听懂英文通知是十分必要的。

2. 听英文影视作品

国外有着很多优秀的英文电影和电视剧，一些优秀的影视作品备受广大人民的喜爱。教师可以选取一些先进的影视作品作为听力教学的材料，尽量选用不包含中文字幕的影视作品，这样才能通过听觉的刺激和视觉的侧面影响，培养学生的听力能力。

（二）口语教学策略的有效性的提升

1. 注重网络测试与实施人机对话训练

在"互联网+"背景下，利用信息技术使大学生可以在口语教学中充分发挥自身的主体作用和自主学习能力。教师可以提供相应的技术让学生对自身的口语水平进行客观的评价，然后可以借助信息技术进行人际对话训练。大学生的英语口语作业对于教师来说一直是痛点，传统大学生口语作业不适合布置和检查，而现代信息技术的应用弥补了这个缺陷。在互联网时代，教师可以通过信息技术对学生的英语口语作业进行批改和评价。同时，通过信息技术，教师可以让学生更多地练习课外的材料，展开自主学习。

2. 注重过程评价与教师科研相结合

在高校中，一些科研就是为了教学而服务的，科研的成功意味着教学效果的提升，为教学提供更好的指导，教学与科研息息相关。教师在教学中依据发现的问题、评价结果和工作日志来改进教学方法。据此，教师的教学效果得到了改善，教师的科研能力得到了加强。

（三）阅读教学策略的有效性的提升

1. 发挥网络互动优势，激发学生的学习兴趣

传统教学的阅读教学中，学生除了阅读教材外，可供选择的资料并不多。在"互联网+"的背景下，教师可以通过信息技术建立网络阅读资源库和网络阅读平台。在网络阅读资源库中，教师不仅可以将阅读教学中的重难点上传，还可以上传一些课外阅读材料供学生阅读，提升学生的阅读能力。此外，大量的英文材料难免会让学生厌烦，所以可以在网络阅读资源库中上传一些漫画、图片、视频等资源，引起学生的阅读兴趣，激发阅读热情，实现阅读共享。教师通过信息技术建立的网络阅读平台可供学生在线参与其中，学生和学生之间可以交流经验，教师也要参与其中，在学生遇到难点时提供指导。

2. 实施英语阅读混合式教学

（1）教学内容方面

传统的教学内容往往不能引起学生的学习兴趣，那么，怎样才能使学生对英语阅读课程感兴趣呢？怎样才能设计能引起学生兴趣的英语阅读课程呢？在"互联网+"的背景下，只让学生接受来自教材的知识已经不行了，为了提升大学生的阅读兴趣，课外阅读材料的引进十分必要，同时还有利于学生掌握阅读方法和技巧。要想让学生真正地做到"愿意学，有所学"，教师需要为学生采取多样的方式创设灵活多变的内容。其中，吸引学生阅读兴趣的前提是阅读材料不能脱离学生所处的环境，而且要有相当的实用性。此外，校园价值和生活价值也需要在英语阅读教学中体现出来。

从某种程度上来看，可以通过在线学习平台培养学生的素养，同时在阅读材料中加入专业英语和学术英语来对英语阅读教学进行优化，并提出培养"专业型英语人才"的教学目标。专业英语的相关阅读材料是将专业知识与语言应用紧密结合的课程，它并不是一门专业课程、一门语言课程。同时具有专业课特征和科技英语特征的专业英语不同于基础英语的是专业术语的大量使用。所以，教师需要根据专业英语的需求，促进学生对英语专业术语、专业知识的掌握和运用。

高校英语教师可以根据所教的专业从国外权威英文报刊摘取适合的文章，供学生阅读。比如，与英文有关的科技文章可以从《科学杂志》中选取作为课堂教学之外的专业阅读文本。《科学杂志》凝聚了全球最先进的科技文章，通过阅读选文，有助于提升学生的阅读兴趣，使学生了解本学科的科技前沿，拓展学生的科学视野。

新闻报刊的价值可以从如下三个维度来进行分析：

首先，新闻具有时效性，从报道事件本身来考察新闻的"新"，举个例子，新闻中所涉及的人物以及他们给人们生活带来的影响。

其次，参考新闻工作者对事件的看法，新闻价值被视为新闻工作者参照的某种规范、准则或是新闻工作者的某种态度。

最后，分析与新闻形成相关的输入材料和输出材料，前者包括新闻稿、文本、图片、视频、其他相关网站等，后者包括实际的新闻报道等。

阅读文本价值衡量的三个维度表现如下：

首先，学生可以通过专业性的文章和报道了解专业的学术技术和领军人物。

其次，教师可以为学生设计评价新闻中某一内容的任务，要求学生从各个层面对已有的内容或观点进行佐证。

最后，教师安排给学生课外搜集资料的任务，让学生在课外拓宽阅读资源，更加了解有专业相关的研究。

学生的课外阅读材料不仅包含新闻报刊，网络上的阅读资源丰富多样，学生可以通过互联网随心所欲地进行英语阅读练习。举个例子，医学专业的学生可以从网络上寻找医学基本原则、疾病的因与果、基本医学学科、公共卫生健康、医学界当前存在的问题等来进行研究，这对学生撰写小论文有巨大的帮助。

在进行阅读教学的课程设计时，教师要先培养学生的基础词汇解读能力，然后逐步地向更高级的语法形式、体裁分析和话语分析等迈进。英语阅读中的词汇非常重要，教师让学生广泛阅读文献资料的词汇，目标是使学生认识并收集更多的重要学术词汇。教师可以向学生展示下定义、举例说明、解释、描述、对照等专业阅读中的主要语言功能来实现对教学素材的深度分析。进行阅读教学时的翻译层面的目标，是使学生能够翻译学术文章的摘要，同时还要能够翻译与所学专业有关的短篇的学术报道和科普文章；进行阅读教学时的写作层面的目标，是使学生有质疑读过文章中的一些作者的观点，同时初步具备撰写本专业相关的科普文章和学术报道的能力。

英语阅读教学的改革不可能一蹴而就，必须按照一定的规律来进行。教材在当前英语教学中仍然十分重要，高校英语教师不可能脱离教材向学生传递知识。在"互联网+"背景下，通用英语教学中的教材仍然是线上、线下教学的主要内容，相当一部分的学生认为当前教学材料都是以语法和词汇为主要教学内容，而这类教学内容不能引起他们的兴趣，所以有必要对教学内容进行一定的改进。

教师设计阅读教学内容时，为了提升学生对于语言的兴趣度和敏感度，对教学资源尤其是教学视频，可以试着以单元文章为切入点来对教材中的语言现象进行分析和解读。同时，教师可以将一些时事、名人名言等融入到教学视频之中。

教师在设计在线作业时，应该摒弃传统的作业方式，加入一些多样化的作业方式，如闯关答题和字谜题。

同时，学生可以将自己阅读学习的视频录制好后传到教学平台，供师生、生生之间互动。

（2）教学平台方面

纵然混合教学模式能够促进线上教学和线下教学的有机融合，但是很多高校只有由数字化资源改造而来的学习平台，而非专业的混合学习平台，混合式教学模式线上与线下课程资源的整合不到位，导致教学效果不尽如人意。一些学校针对这一点使用泛雅、Moodle、Blackboard 等专业的网络课程平台，这些适用性强的平台可以使教学资源得到有效整合，使教学效果得到提升。

网络学习平台的种类随着信息技术的发展也在不断增加，举几个网络平台应用的例子，如利用 Windows Live 群进行混合式教学，基于微信公众平台的混合式教学受到广泛的关注，一些高校利用微博进行高校英语的混合式教学。多样的网络教学平台使得学生的学习环境得到了丰富和加强，为学生参与混合式教学提供了更加多样化和生活化的方式。

混合式教学模式的实施，需要为学生提供一个多样化的学习平台。目前的学习管理系统受到学生非常大的质疑，所以需要对现有学习平台的问题进行解决。基于学生不同的学习情况、学习特点和学习进度，多样的混合式学习平台应该灵活地实现同步学习和异步学习。与此同时，师生也可以借助在线平台如微信、微博等进行异步学习的自主开发。

学生"按需选择"的自主学习方式可以通过自建网平台来实现，使学习管理系统中的一些问题得到解决。传统英语阅读教学中的文化传授和专业术语内容较少，教材所占比重过多，教师针对这一点设计的自主学习课件能够将文化传授和专业术语相结合，使学生选择自己感兴趣的文章进行学习，同时满足不同专业学生的学习需求，从学生实际出发为已有的教学平台提供解决方案。

（四）写作教学策略的有效性的提升

1. 延续性教学法

延续性教学法将写作教学分为若干个阶段，这些阶段在写作教学中的功能和作用都是不一样的，但是在将这些阶段进行连接后具有完整的写作要素的文章就会形成，而且质量良好。但延续性教学法不适用于所有的写作教学内容，其中的重要原因是学生不可能将学习时间大量地投入到细节之中，而且学生的学习任务较重但时间和精力都是有限的。教师在采用延续性教学法时需要注意这一点。大多数学生在进行写作学习时思考的并不多，这些同学认为写作不需要动脑，也不需要投入过多精力，只要写完就行，这一点是错误的，写作学习是一个再创作的过程而非一个单独的写作任务。

2. 平行写作教学法

平行写作教学法适宜在学生还未进行写作时采取的写作教学方法，指的是教师针对某一主题、方向为学生提供一篇主体明确的范文。学生基于这篇范文来决定写作的方向，从而进行写作练习。平行写作教学法可以加快学生的写作速度，同时也可以保证学生写作方向的正确性。

3. 网络辅助写作教学法

步入信息化时代后，计算机技术和信息技术在生活中的应用中越来越广泛，教育领域也不例外，这为网络辅助写作教学法提供了产生的基础，为解决写作教学中的一些问题给出了方案。网络教学相比传统教学不受时间和空间的限制，在网络的帮助下，学生和教师可以随心所欲地进行教学活动。在网络的帮助下，学生还可以与说英语的友人进行交流，这样可以锻炼英语的实际应用能力，对写作也大有裨益。同时学生还可以通过网络了解国外的风俗文化和社会背景，以便更好地了解英语、学习英语。

在网络辅助写作教学法中，教师基本上只发挥微小的指导作用，学生需要发挥自身的自主性。网络辅助写作教学法是从学生的角度出发，充分发挥学生的主观能动性，教师在网络辅助写作教学法中需要扮演好指导者和监督者的角色。网络辅助写作教学法的具体步骤是教师首先要为学生布置下写作学习的任务，然后学生需要主动地在网络上寻找资料、分析资料，并将其应用在自身的写作学习中，让网络上的资料为己所用。在网络辅助写作教学法中，教师不需要进行传统的知识灌输，学生的主体地位被尽可能地放大。

（五）翻译教学策略的有效性的提升

1. 利用多媒体展开翻译课堂教学，增加英语习得

当下最普遍的翻译教学方法是利用与教材配套的多媒体资源进行教学。但是由于与教材配套的多媒体资源往往不够系统、全面，而且不同学校的多媒体设备情况不同，所以与教材配套的多媒体资源需要谨慎使用。最好的方法是高校英语教师自己动手来制作翻译教学课件。基于教学目标、教学内容、教学过程、学生

学习情况和多媒体类型制作的多媒体课件才是优质的、适合学生使用的课件。显而易见的是，多媒体课件的制作有着一定的难度，这就对教师的信息技术素养提出了要求。教师利用多媒体自制的课件对于学生翻译能力的提升有着显著的效果。

在利用教师自制的多媒体课件中，可以插入能够吸引学生注意力的图片、视频等引起学生的兴趣，这样能够使学生在枯燥的翻译教学中保持学习的积极性。在具体的多媒体教学过程中，不仅要向学生展示翻译的理论、技巧和方法等，还需要使学生了解一定的西方文化的知识，让学生形成中西方文化的对比，从而形成一定的翻译理论基础。多媒体教学诞生已经有不短的时间了，虽然在形式上看来与传统教学别无二致，但在内容上有着很大的差异性，表现在如下两个方面：

（1）教师自制的多媒体课件中将知识全部呈现给学生，有助于节省教师课堂时间和精力。

（2）因材施教是二者最大的区别，利用多媒体展开的翻译课堂教学对不同学习情况的学生有不同的针对性学习内容，在课堂上由学生自主选择和教师指导，有助于课堂学习氛围的活跃。

2. 利用网络培养学生的跨文化意识，教授学生文化翻译策略

学生在学习翻译的过程中常常会出现翻译不准确的问题，很大一部分原因是学生不太了解中西方文化背景之间的差异。举个例子，西方的亲人在互相帮助之后都会说"Thank you！"，但是中国的亲人之间通常不会说"谢谢"，因为这样显得双方关系比较生疏。翻译时不仅要完成源语与目的语间的转换，而且了解源语言的文化及背景也非常重要。所以，教师要在翻译教学中不仅要传授给学生文化策略，而且要对学生的跨文化交际意识进行培养，而实现的重要方式之一就是利用网络。具体到翻译教学中，教师可以向学生展示一些具有浓厚西方历史文化背景的电影、电视剧等，还可以找一些纪录片。

五、高校英语文化与情感教学有效性的提升

（一）文化教学的方法提升

在"互联网+"的背景下，我国高校英语教学改革目标的实现，高校英语教学现状的改善对高校英语教师的能力提出了更加具体的要求，其中，文化教学方法的提升有以下五个方面：

1. 文化包教学方法

一般来说，我们经常将教学内容和讨论形式结合后进行的教学叫作文化包教

学方法。作为提升应用英语文化知识的一种重要方法，文化包教学方法有助于学生理解本国文化。教师在运用文化包教学方法进行教学时，通常要在文化包内准备一份与国外文化相关的资料，基于这份资料，学生进行自主学习，教师进行课堂教学活动，教师再在课堂上让学生交流探究。举一个例子，高校英语教师在向学生介绍西方饮食时，需要先为学生在文化包内准备一份与西方饮食文化有关的资料，然后学生在教师的引导下进行自主学习和探究，最后小组将西方饮食文化与我国饮食文化做对比和分析。文化包教学方法有助于培养学生的跨文化意识，使学生通过认识、讨论、对比分析来提升英语语言能力。一般情况下，文化包占用的课堂教学时间较少，大概10分钟，而具有类似功能的若干个文化包就可以上升到文化丛的阶段，文化丛的时间比文化包长得多，一般可以占一节课的时间，然后通过学生综合讨论来使学生内化文化丛的知识。举个例子，西方饮食的文化丛内容包含多个西方饮食的文化包，如饮食方式文化包、饮食对象文化包和饮食观念文化包，通过对这三个文化包的学习可以总结并分析出东西方饮食文化的差异性。

2. 对比分析法

文化教学方法提升的另一种方法是对比分析法，对比分析法对于在文化教学中让学生区分交际文化和知识文化因素有着重要的作用，同时可以加深学生对于本国文化的理解。举个例子，运用对比分析法分析英语与汉语效果极好，可以发现这两个不同语系的语言在各个方面都有着巨大的不同，如社会背景、文化发展和社会制度等。通过对比分析英语与汉语，能在对比分析表层的语言结构形式的同时，对比语言内涵。这也就是对比分析法的教学效果。

3. 讨论法

讨论法在文化教学中被普遍使用，是由于讨论法在教学活动中比较容易实施。在文化教学实践中采取讨论法，首先要做的是分组，然后让小组内部进行讨论和探究，讨论和探究的内容可以是对教学内容的对比、分析等。经过讨论，小组的学生可以更加深入地了解西方文化、感受西方文化。

综合来看，讨论法可以使学生促进对知识的记忆，同时提高学生的学习兴趣。

4. 文化体验法

在文化教学方法的提升中，文化体验法是培养学生跨文化意识见效最快的手段。文化是一个动态而又鲜活的现象，在人类漫长的历史进程中，人们创造出不同民族的不同文化和历史。文化体验法包含四个步骤，分别是参与、描述、解释、回应。在文化体验法教学中，学校和教师应该组织多样的语言实践活动，学生在参加语言实践活动后,在体验中更加全面、深入地了解西方英语文化。文化体验法的活动形式多种多样,如舞台剧等形式,这些能够调动学生感官的活动形式,可以最大限度地吸引学生的注意力,使学生沉浸在文化教学中。另外,教师在文化教学中可以将外国文化进行整理,组织专门的课程来向学生展示国外的文化背景、风俗习惯、历史等。

目前,有关文化教学的研究和讨论已成为外语教学界的热门话题,而且还将在一定时期内继续深入下去,其未来的发展将呈现两方面的趋势:一方面,文化日益多元化和复杂化;另一方面,教学目标日益本土化。在全球化、网络化的今天,越来越多的英语使用者是第二语言或外语使用者,这使得英语被当作国际交流的一种语言工具。这类的跨文化交际的情形日趋多元化,因此,在外语教学中,文化教学也越来越显现出其复杂性与多面性。

如今,已经有很多的人开始关注并实际研究起了这类问题,将对母语文化的理解和掌握程度看成是文化教学过程中的一部分,对英语教学起到一个良好的促进作用。

5. 文化旁白法

文化旁白法其实就是注释法的一种特殊形式。具体是指在语言教学过程中,教师灵活、机动地将相关教学中会涉及的知识点进行简单介绍,从而消除学生在外语学习中遇到的语言认知障碍。但文化旁白法的方式也存在一定的不足之处,由于教师这一主观个体对文化旁白来说就是实施者,这就在一定程度上决定了文化旁白的随机性。从教师的角度来说,这就要求教师具备较高的驾驭语言与文化的能力。教师可口述并充当讲解员,也可以运用多媒体课件的手段对相关内容以图文并茂的形式进行讲解,目的是更好地帮助学生理解所读或所听的内容,又有助于丰富学生的感性认识,促进理解。

(二)情感教学的方法提升

1. 加强学生认知,激发学生积极性

大部分学生都没有对英语学习表现出极大的热情,在教学实践中我们发现,新的教学模式形成的同时也对学生的学习过程提出了新的要求。要求学生要积极主动参加课堂或课外活动,继而参与知识的构建,然后尽快融入到社会中。对于教师来说,就是要采用有针对性的方式对学生进行因材施教。因为每个学生的接收能力和自身所具备的基础知识是参差不齐的,教师只有了解了这些情况后因材施教,才可以收到满意的教学效果。

2. 帮助学生克服情感态度方面的问题

一般来说，在整个的英语学习过程中，有的学生始终有焦虑情绪的存在，更加严重的话可能会引发紧张或害怕的情绪。教师此时就需要帮助学生尽可能地克服这些困难，主要可以从以下七个方面进行：

（1）通过学习小组的组建，来保证那些对学习存在一定困难的学生的参与度。

（2）要相信那些学习有困难的学生可以通过自己的努力获得进步。

（3）对那些学习有困难的学生要多与其沟通和交流，鼓励他们克服困难，勇往直前。

（4）要有耐心地向出现错误的学生进行讲解，而不是一味地指责。

（5）在合理的范围内适当降低对学生的要求，这样可以使学生享受到经过努力获得成功的喜悦。

（6）懂得关爱学生，并小心保护他们的自尊。

（7）要有一双善于发现每位同学身上优点的眼睛，然后将学生的优点扩大化。

3. 建立良好的师生关系

我们已经知道和谐的师生关系对于英语教学的重要作用，只有建立良好的师生关系，才可以保证学生愿意打开心扉和教师进行交流，这样教师也可以最大限度地了解学生。从这个角度来说的话，教师可以从以下三个方面着手展开：

（1）展现教学的魅力

在教师将个人的魅力呈现在学生面前的时候，除了可以使学生的注意力更加集中以外，还有助于促使教学过程的生动性增强。这样一来，学生的学习兴趣也就很容易地被调动起来了。

（2）真诚地爱护每一位学生

教师需要具有高尚的品格，这不仅包含教学层面的内容，还包含道德层面的内容。教师应该秉承着真诚、公正的心态来对待每一位同学，做到一视同仁，不因学生学习成绩的好坏而有所区别。尤其是那些学习成绩不是特别理想的学生，其实他们是特别敏感的，教师要尽可能多地给予他们关怀和帮助，而不是指责和批评。

（3）完善自身个性

教师要尽可能多地学习，以不断提升自己的知识水平，同时还要注意个人品格的修炼，以最接近完美的状态来开展教学。

参考文献

[1] 石磊．"互联网+"背景下的大学英语教学优化与转向[M]．北京：中国书籍出版社，2021．

[2] 李晓玲．大学英语教学方法研究[M]．西安：陕西科学技术出版社，2019．

[3] 黄燕鸥．"互联网+"背景下大学英语教学体系的反思与重建[M]．成都：电子科技大学出版社，2019．

[4] 张乐平．"互联网+"时代背景下大学英语教学改革与发展研究[M]．长春：吉林大学出版社，2019．

[5] 刘学忠．"互联网+教育"读本[M]．银川：宁夏人民教育出版社，2020．

[6] 孙春兰．翻转课堂模式中的英语案例教学研究[M]．长春：吉林出版集团股份有限公司，2019．

[7] 何冰，汪涛．翻转课堂与英语教学[M]．长春：吉林人民出版社，2019．

[8] 汪榕培．英语词汇学高级教程[M]．上海：上海外语教育出版社，2002．

[9] 王道俊，王汉澜．教育学[M]．北京：人民教育出版社，1999．

[10] 王笃勤．英语阅读教学[M]．北京：外语教学与研究出版社，2012．

[11] 王芬．高职高专英语词汇教学研究[M]．上海：上海交通大学出版社，2012．

[12] 王平．无敌英语语法：终身学习版[M]．北京：外文出版社，2005．

[13] 徐义云．大学英语写作教程[M]．北京：清华大学出版社，2012．

[14] 徐锦芬．大学外语自主学习理论与实践[M]．北京：中国社会科学出版社，2007．

[15] 严明．大学英语自主学习能力培养模式研究：体验的视角[M]．哈尔滨：黑龙江大学出版社，2009．

[16] 严明．大学英语自主学习能力培养教程[M]．哈尔滨：黑龙江大学出版社，2008．

[17] 于永昌，刘宇，王冠乔．大数据时代的教育[M]．北京：北京师范大学出版社，2015．

[18] 黄三连. 学习需求分析视角下的大学生礼仪课程研究 [D]. 昆明：云南大学，2013.

[19] 胡庆昆. 信息技术在当代大学英语教学中的应用 [J]. 山东农业工程学院学报，2018（3）：182-185.

[20] 宋丽. 网络信息化大学英语教学模式探讨 [J]. 湖北师范大学学报（哲学社会科学版），2017，37（1）：124-126.

[21] 司炳月. 信息化环境下大学英语教师自主教学能力实证研究 [J]. 外语教学，2016，37（4）：61-65.

[22] 王娅莉. 信息化时代微课应用于大学英语写作教学的思考 [J]. 佳木斯职业学院学报，2016（4）：312-313.

[23] 王超. 基于微课的"翻转课堂"在提高大学英语课堂教学有效性中作用的分析 [J]. 昌吉学院学报，2015（6）：93-96.

[24] 薛晶滢，倪小勇. 教育信息化趋势下的大学英语教学改革探析 [J]. 中国教育信息化，2015（12）：42-45.

[25] 杨丹. "翻转课堂"教学模式在高职旅游英语教学中应用的可行性分析 [J]. 海南外国语职业学院，2015（24）：56-57.

[26] 沐正芳. 大学英语信息化教学方案设计 [J]. 中国市场，2015（50）：184-185.

[27] 欧阳志群. 基于信息化时代微课在大学英语教学变革中的应用 [J]. 普洱学院学报，2015（4）：103-106.

[28] 王初明. 内容要创造，语言要模仿——有效外语教学和学习的基本思路 [J]. 外语界，2014（2）：42-48.

[29] 张金磊，王颖，张宝辉. 翻转课堂教学模式研究 [J]. 远程教育杂志，2012，30（4）：46-51.